O guia da PPK saudável

o guia da PPK saudável

O jeito descomplicado
de cuidar da saúde
íntima feminina

Dr. Bruno Jacob

São Paulo, 2020

O guia da PPK saudável
Copyright © 2020 by Bruno Jacob
Copyright © 2020 by Novo Século Editora Ltda.

coordenação editorial: Nair Ferraz
preparação: Daniela Georgeto
revisão: Gabriel Silva
p. gráfico, diagramação e capa: Bruna Casaroti
ilustrações: shutterstock

Gerente de aquisições: Renata de Mello do Vale

Texto de acordo com as normas do Novo Acordo Ortográfico da Língua Portuguesa (1990), em vigor desde 1º de janeiro de 2009.

Dados Internacionais de Catalogação na Publicação (CIP)
Angélica Ilacqua CRB-8/7057

Jacob, Bruno
    O guia da PPK saudável : o jeito descomplicado de cuidar da saúde íntima feminina / Bruno Jacob. --
Barueri, SP : Novo Século Editora, 2020

1. Autoajuda 2. Saúde da mulher 3. Hábitos de saúde I. Título

19-2986   CDD-158.1

Índice para catálogo sistemático:
1. Autoajuda 158.1

Novo século editora ltda.
Alameda Araguaia, 2190 – Bloco A – 11º andar – Conjunto 1111
CEP 06455-000 – Alphaville Industrial, Barueri – SP – Brasil
Tel.: (11) 3699-7107 | Fax: (11) 3699-7323
www.gruponovoseculo.com.br | atendimento@gruponovoseculo.com.br

Dedico este livro às duas
mulheres da minha vida,
Bruna e Helena,
minha esposa e minha filha.

Prefácio ▶ 8
Prazer, eu sou o Dr. Bruno Jacob ▶ 10
Como usar este guia ▶ 13
Introdução ▶ 15

1 **Seu corpo:** tudo que **você sempre** quis **saber** e nunca teve **coragem de pergun**tar
▶ 17

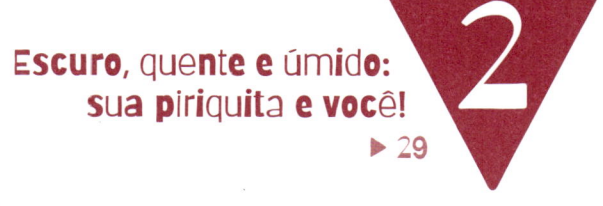

Escuro, quen**te e** úmi**do:** sua **piriquita e voc**ê! **2**
▶ 29

3 **M**enarc**a**
▶ 39

Menstr**uação:** da **TPM** até a última **gota** **4**
▶ 49

5 **Secr**eções
▶ 73

6 Saúde íntima: dúvidas que **você** não **pode levar para** a cama
▶ 85

7 **Do**enças **sex**ualmente transmissíveis **(DST)**
▶ 97

Métodos contraceptivos **8**
▶ 113

9 Gravidez
▶ 133

Dr. Bruno × Dr. Google **10**
▶ 141

Prefácio

Quando iniciei meu canal na internet, a ideia era levar informação à população, especialmente a feminina, e quebrar o tabu que se criou em relação à saúde e à vida sexual femininas.

Hoje somos mais de um milhão de pessoas que se preocupam, discutem e se posicionam sobre os mais diversos assuntos.

A necessidade deste livro é sinalizada pelo próprio título: *O guia da PPK saudável*.

E neste exato momento você deve estar se perguntando: "E o que este livro tem de diferentes dos outros?".

Convido você a mergulhar nesta breve história que detalha de forma simples e objetiva o que se passa nessa máquina complexa chamada corpo feminino.

Cada fase, cada ciclo, cuidados, prevenções, onde buscar ajuda etc. Aqui você encontrará, por meio de uma linguagem simples, sem termos médicos complexos, esclarecimento para suas dúvidas e orientações para a manutenção da saúde de seu corpo. As informações são transmitidas abertamente, numa espécie de papo descontraído, como se você estivesse frente a frente com o seu ginecologista.

Estarei bem aqui, facilmente a sua disposição para consultas rápidas, sem a necessidade de ir ao consultório. Sou confiável, sei exatamente o que está sentindo e vou lhe ajudar.

Um corrimento? Tem cor, cheiro? Humm... Eu sei o que o causou e vou lhe direcionar no tratamento.

"O que será essa feridinha avermelhada na região íntima?" Ei! Psiu! Nada de consultar o "Doutor Google"! Pare agora mesmo, não visualize as imagens. A causa e o diagnóstico não serão encontrados assim.

"Posso tomar o anticoncepcional da minha amiga?"

"Estou grávida?"

E por aí vai. São infinitas as dúvidas, certo?

Respire fundo, acalme-se e venha comigo descobrir tudo sobre a saúde da mulher.

Prazer, **eu sou o Dr. Bruno!**

Fala, meninas!
Para quem não me conhece, meu nome é Bruno Santiago Jacob. Sou médico especializado em ginecologia, obstetrícia e estética íntima.

Tenho 31 anos, 11 deles dedicados à medicina. Mas vamos voltar um pouco no tempo...

Tudo começou em 1988, no dia 1 de setembro, na maternidade São Luiz em São Paulo, no dia em que meu pai, Sérgio Jacob, fez o parto da minha mãe, Eugênia Santiago. Sim, nasci pelas mãos do meu pai, num parto difícil!

Desde cedo eu dizia que queria ser médico; cresci dizendo isso. Lembro que meu pai trazia máscaras e luvas do hospital em que ele trabalhava para eu brincar de fazer cirurgia nas minhas irmãs. Aos 5 anos de idade eu montei meu próprio *kit* de primeiros socorros com *Band-Aid*, algodão e esparadrapo. Um pouco mais tarde, desenhei um médico fazendo um parto e o dei de presente para o meu pai. O desenho era tão rico em detalhes – o monitor cardíaco, o cordão umbilical, os instrumentos cirúrgicos na mesa – que meu pai o plastificou e o guardou. Acho que algo dizia para ele que eu seria médico um dia.

Assim eu cresci, sempre com essa esperança de me tornar um ginecologista. Enquanto meus colegas sonhavam em ser bombeiros e jogadores de futebol, eu só falava em ser obstetra (a maioria das crianças não sabia nem falar a palavra "obstetra").

Essa vontade toda de ser médico fez com que meu pai me levasse para assistir a algumas cirurgias. Nunca vou me esquecer do primeiro bebê que vi nascer. É uma sensação única, que até hoje me emociona.

Logo veio o momento mais temido da minha vida. Afinal, quem quer ser médico deve estudar muito e passar num dos vestibulares mais concorridos do país, e eu nunca fui muito de estudar. Mas eu tinha foco e sabia o que queria ser.

Passei um ano inteiro estudando, dia, noite, sábado, domingo... Café e mais café! Mesmo com todo esse esforço, eu não sabia se conseguiria alcançar meu objetivo, e o medo de falhar era enorme, mas o sonho era ainda maior. Logo veio a notícia, e foi minha mãe quem me deu: todo o esforço tinha valido a pena, eu finalmente começaria a jornada rumo a tão sonhada profissão de médico!

Foram seis anos incríveis, quatro na sala de aula e dois no internato.

Já na faculdade me destaquei nas matérias de saúde da mulher. Foi no SUS onde fiz meu primeiro parto, e me lembro desse episódio até hoje.

Terminada a faculdade, veio a especialização. Se não bastassem os seis anos, seriam mais três na residência. Com muito estudo e esforço, consegui ser aprovado para a residência em um dos principais hospitais de saúde da mulher do Brasil! Eu, enfim, iria viver meu sonho: cuidar de mulheres vinte e quatro horas por dia.

Mais uma vez o caminho não foi fácil: plantões, ambulatórios, cirurgias, enfermarias...

Durante a residência, comecei a realizar atendimentos no meu consultório. O início foi meio lento, eu não tinha muitas pacientes. Essa condição, porém, não foi ruim, pois eu conseguia dispor de bastante tempo para conversar com minhas pacientes e esclarecer todas as dúvidas que elas me apresentavam. Mas comecei a perceber que mesmo aquele tempo extra não era o bastante para falar tudo o que eu deveria para a paciente. Na verdade, me dei conta de que o assunto saúde da mulher é infinito, não tem fim: menstruação, secreções, gravidez, libido, sexualidade, hormônios, primeira menstruação, última menstruação, dores, doenças malignas e benignas, mamas, anticoncepcional, menopausa... Era impossível conseguir explicar para uma mulher, em uma única consulta, tudo sobre o seu corpo.

Foi quando tive uma ideia. Eu aprendi muita coisa na internet: aprendi a tocar violão, a cozinhar, a me exercitar... Todo mundo tinha algo para ensinar no YouTube. Então percebi que eu poderia criar um canal voltado 100% para a saúde da mulher. A ideia era fazer vídeos e, aos poucos, explicar tudo o que as mulheres precisam saber sobre a saúde de seu corpo, tudo o que um médico não tem tempo de falar na consulta: conhecimentos básicos, da anatomia a doenças.

E assim foi feito. Criei o canal, criei os roteiros, e duas vezes por semana postava um conteúdo diferente. Foi um sucesso!

Atualmente mais de 1 milhão de mulheres está inscrita em um canal que é totalmente voltado para a saúde delas, e isso é incrível! A minha página no YouTube se tornou o maior canal de saúde da mulher do mundo!

Hoje, é com muita alegria que eu entrego a você, cara leitora, este livro, que é um complemento do canal. Aqui você vai aprender tudo o que precisa para ter um conhecimento quase total da sua saúde. Ao final da leitura, você se enxergará de forma diferente.

E a jornada de levar informação sobre saúde feminina a todas as mulheres do Brasil não para. Este livro ainda é só o começo!

Como usar este guia

Você está prestes a ler um livro provavelmente bem diferente de tudo o que já leu. Quando terminar essa leitura, você terá uma nova visão tanto do seu corpo quanto das patologias que nele podem se manifestar. Você saberá como ele é, como ele funciona e como são as doenças. Isso te dará uma vantagem enorme; afinal, você saberá tudo o que alguém que não é da área médica precisa saber para cuidar e entender da sua saúde.

O corpo feminino é infinitamente mais complexo que o masculino. Se eu escrevesse um livro sobre saúde do homem, provavelmente não seria tão trabalhoso quanto este. Por isso existe uma maneira correta de ler e entender este livro. Não se deve pular etapas, e vou explicar o porquê.

Quando entramos na faculdade de Medicina, somos todos leigos. Ninguém começa a faculdade sabendo tudo sobre o corpo humano. Por mais que tenhamos muito interesse por anatomia, no fundo não sabemos nem um por cento sobre os órgãos. Começamos aprendendo sobre anatomia e fisiologia. Em Anatomia são ensinados os nomes de todos os órgãos, onde eles estão localizados e sua relação com os outros órgãos. Por exemplo, aprendemos que o coração fica no tórax, do lado esquerdo, possui quatro câmaras e está entre os pulmões. Sem saber localizar o coração, você não pode aprender como ele funciona.

Aí vem a Fisiologia. Aprendemos como tudo no corpo humano funciona. Como e por que o coração bate, como ele manda sangue para o resto dos órgãos e como o corpo todo depende dele.

Sabendo o nome, onde está, como e por que funciona, aí sim você começa a aprender sobre as doenças.

E é feito dessa maneira porque você só reconhece o que está errado se antes aprender o correto funcionamento. Se você não entende como o motor do carro funciona, não consegue identificar o erro quando o carro enguiça. Entendeu?

Por isso este livro começa com um capítulo de anatomia e fisiologia femininas.

Você vai saber direitinho como o útero funciona, como e por que a menstruação ocorre, como é a menstruação normal... Depois, aprenderá sobre as complicações que os órgãos femininos podem apresentar: se a menstruação está demais, de menos, secreção vaginal diferente...

Escrevi este guia considerando a cronologia da vida reprodutiva da mulher. Assim, inicio pela primeira menstruação, depois vida adulta, e por fim, término da menstruação. Cada momento da vida da mulher na sua hora correta.

Aproveite! Boa leitura!

INTRODUÇÃO

Antes de partirmos para uma fascinante jornada rumo ao universo do corpo feminino, gostaria de chamar a sua atenção para um ponto fundamental no processo de conscientização da saúde da mulher, a fim de que você possa aproveitar ao máximo a leitura deste livro.

Você já deve ter ouvido a célebre frase: "Conhecimento é poder". Acredito também que, muito provavelmente, você seja uma mulher empoderada. Mas já parou para pensar que a sua versão poderosa começa no seu autoconhecimento e, consequentemente, no cuidado com a sua saúde?

O ato de se cuidar e se valorizar, entendendo tudo o que se passa ao seu redor, e dentro de si mesma, é essencial para essa conquista. Quando você se torna capaz de compreender não apenas a sua mente, mas também o seu corpo, conscientizando-se de todas as variações hormonais e eventos fisiológicos que ocorrem consigo – por que menstrua, se deve ou não engravidar, ou o que esperar da menopausa –, você assume o controle da sua qualidade de vida.

Para exemplificar, voltemos um pouco ao passado. A ideia de uma mulher ter total controle sobre qual método contraceptivo usar ou ir ao médico para falar sobre seus problemas sexuais parecia absurda, mas a liberdade de ação ganhou força junto à sociedade. E é simples perceber isso. Basta você pensar em quantos filhos suas avós ou bisavós tiveram e, por fim, comparar com a quantidade de filhos que as mulheres têm nos dias de hoje. A nossa evolução quebrou muitos tabus e permitiu à mulher se questionar, se conhecer e, com isso, se cuidar mais.

A falta de informação e de acesso à saúde fez com que doenças como o câncer de colo do útero se disseminassem. Apesar de ser aparentemente fácil realizar o exame de papanicolau uma vez por ano – é simples, rápido e indolor (sim, o exame, se feito corretamente, não deve causar dor) –, estudos evidenciam que metade das mulheres diagnosticadas com câncer de colo do útero relata nunca tê-lo feito, numa clara demonstração de que se informar ainda é a melhor maneira de se cuidar.

Segundo pesquisas recentes da Organização das Nações Unidas (ONU), cerca de 530 mil mulheres morrem no mundo por conta de doenças facilmente preveníveis. É claro que existe um *déficit* na saúde pública, mas, quanto maior o grau de informação da mulher a respeito do seu corpo e de como prevenir seus problemas de saúde, menores as chances de desfechos ruins.

Portanto, diga adeus às inseguranças causadas pelas dúvidas geradas pela falta de informação, aproveite cada parte deste livro e finalmente entenda como cultivar a saúde e o funcionamento de seu corpo de maneira simples. Depois é só curtir os benefícios desse aprendizado. Vai ser incrível!

CAPÍTULO 1

Seu corpo: tudo que **você sempre** quis **saber e** nunca teve c**oragem** de **pergun**tar

"Mulher bem-cuidada não tem medo de nada."

(autor desconhecido)

Breve discussão sobre anatomia

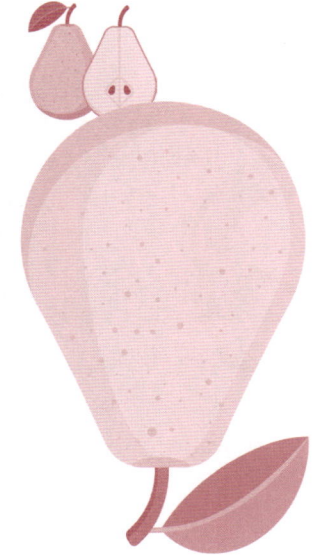

Você realmente conhece o seu corpo? Sim? Então me diga onde fica o músculo transverso profundo do períneo. Obviamente você não precisa saber localizar esse músculo, mas algumas estruturas básicas você precisa conhecer.

Vamos começar com ele, **o útero**.

O útero tem o formato de uma pera invertida. E ele se divide em colo, istmo e fundo.

O **colo** é a parte que você consegue tocar com o dedo. É dessa região que se colhe material para o exame papanicolau. É lá onde se aloja o HPV, agente causador do câncer do colo do útero, e de onde saem as secreções que te deixam lubrificada. É por ele que o espermatozoide passa para fecundar o óvulo...Ufa! Muita coisa!

Se a leitora nunca teve essa experiência, sugiro que, com as mãos limpas, e em local adequado, tente tocar o colo do seu útero. Basta introduzir o dedo até o final, lá você vai sentir uma bola endurecida e lisa. Diga: "Prazer, colo do útero!"

E agora vamos ao **istmo**. Essa região é como o "corpo" do útero e nela ocorre uma curvatura. Esse formato serve para que o útero se adapte junto aos outros órgãos da pelve. Na maioria das vezes, essa curvatura é para frente e para cima, ou, em outras palavras, anteversoflexo.

Em outros casos, mais raros, o útero é retrovertido, ou seja, a curvatura é para trás e para baixo, e essa posição gera muitas dúvidas entre as mulheres: "Doutor, meu útero é invertido! Isso é ruim?". Não! Seu útero apenas está numa posição diferente, mas ele continua lá, com todas as suas lindas funções.

O **fundo** do útero, na nossa analogia, seria a parte maior da pera, e é nele onde tudo acontece – menstruação, gestação, miomas.

O útero é um órgão occ formado por uma grossa camada muscular chamada miométrio. Isso significa que ele é uma cavidade onde internamente cresce o endométrio, uma espécie de "grama" que, no final do ciclo menstrual, descama e sai em forma de menstruação.

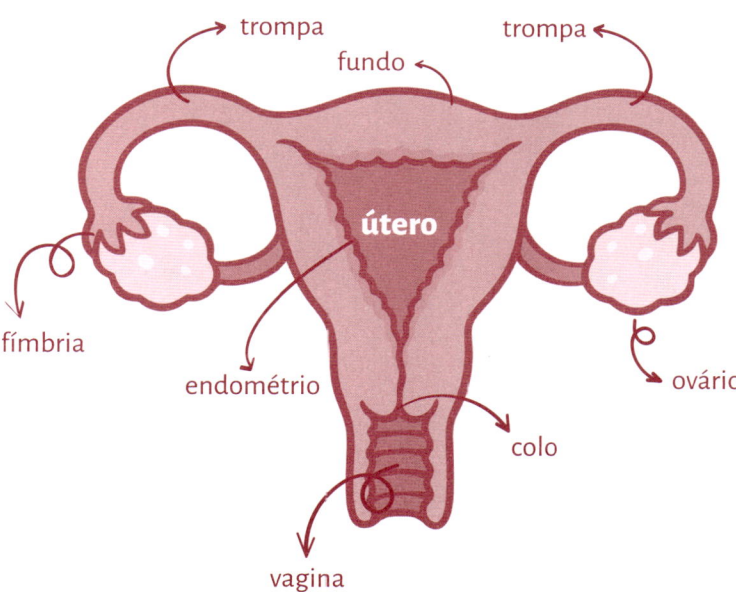

E temos as **trompas**. Elas têm a única finalidade de levar o espermatozoide de encontro ao óvulo, que se forma no interior dos ovários.

Cada um dos **ovários** é um pouco maior que uma azeitona, e, além dos óvulos, eles produzem também hormônios, como o estrogênio (que dá as características femininas para as mulheres) e a progesterona (que tem importante função no início da gestação).

Vamos agora para a anatomia da parte externa. Existe um conceito que eu quero que nenhuma leitora, a partir de agora, nunca mais erre.

Vulva é a parte de fora do **órgão genital feminino**, onde ficam os grandes e os pequenos lábios, os pelos pubianos e o clitóris. Essa região faz a defesa da vagina. Os lábios e os pelos funcionam como uma barreira entre o meio externo e o canal vaginal.

Vagina é a parte interna do **órgão genital feminino.** É onde, no ato sexual, entra o pênis. É uma cavidade muscular ao longo da qual estão as glândulas (de Bartholin e de Skene) que fazem a lubrificação da vagina.

Toda essa região da pelve é sustentada por uma porção de músculos que mantêm os órgãos todos no lugar, incluindo o útero, o intestino, a bexiga e outras estruturas.

Agora que você já sabe tudo o que precisa sobre anatomia, vamos entender como cada órgão funciona e qual a função específica na sua saúde.

Fisiologia

Eis a parte complicada. Mas eu não tenho a intenção de que você, leitora, termine esse livro e vá buscar o seu diploma de médica ginecologista (nem temos páginas suficientes para isso). Quero apenas que você entenda o necessário para prosseguir a leitura.

Para isso, temos que desmistificar o tão complicado ciclo menstrual.

O ciclo menstrual

O ÚTERO

Comecemos pelo começo! Vamos chamar o primeiro dia que a sua menstruação iniciou de "primeiro dia do ciclo". É quando tudo começa.

A menstruação é o útero limpando o seu interior, retirando aquele endométrio velho, para se preparar para uma nova gravidez.

Faço uma pausa aqui para dizer que o útero é o órgão responsável pela gestação. Essa é a sua função. Logo, tudo o que ocorre nele é a fim de que você engravide.

Após a limpeza, o interior do útero está pronto, e então começa um novo ciclo de crescer um novo endométrio. Esse processo dura, em média, 28 dias. Caso mais uma vez não haja gravidez, o útero irá expelir o endométrio para fora do seu corpo, em forma de menstruação.

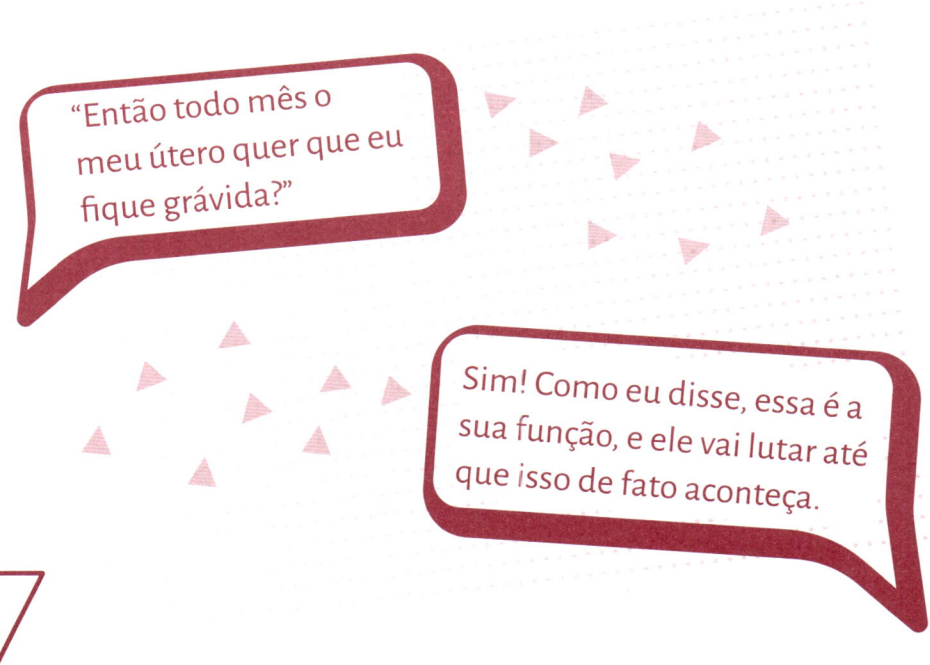

"Então todo mês o meu útero quer que eu fique grávida?"

Sim! Como eu disse, essa é a sua função, e ele vai lutar até que isso de fato aconteça.

O OVÁRIO

No início do ciclo, o ovário começa a produzir um novo folículo, que cresce e atinge a maturidade aproximadamente no meio do processo de crescimento do endométrio, logo, no 14º dia.

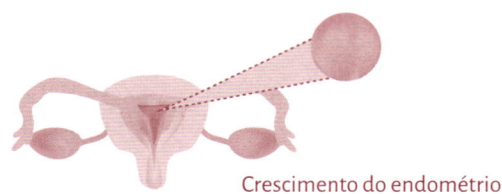

Crescimento do endométrio

É quando esse folículo se rompe e joga o óvulo para as trompas que ocorre a famosa ovulação. O óvulo fica esperando o espermatozoide. Caso não haja fecundação, o óvulo é expelido para fora do útero, junto com o endométrio na menstruação.

Resumindo: O útero prepara o lugar para receber a gestação, e o ovário produz o óvulo para ser fecundado. Sem gestação, tudo vai embora na menstruação. É assim todos os meses.

OS HORMÔNIOS

O ovário tem um importante papel hormonal, mas ele secreta hormônios de maneiras diferentes ao longo do ciclo menstrual.

PREPARAÇÃO PARA OVULAÇÃO

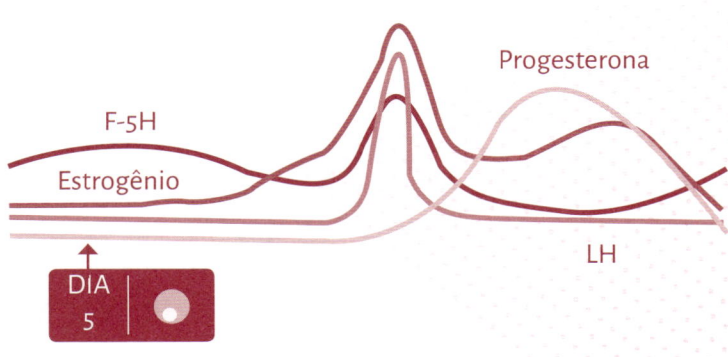

Confuso, né? Esse carrossel de hormônios se chama ciclo menstrual. Não há motivos para você entendê-lo detalhadamente, mas eu quero que você olhe bem pra ele, e entenda finalmente por que seu humor muda tanto em um intervalo de cerca de 28 dias.

O PERÍODO FÉRTIL

Se você está tentando engravidar ou se não quer um filho, independente de quem seja você, é muito importante saber calcular o seu período fértil.

Bom, depois dessa miniaula de fisiologia ficou mais fácil, correto?

Enquanto você está menstruada, o endométrio e os óvulos do ciclo passado saem do seu corpo. No meio do novo ciclo, o ovário vai liberar um novo óvulo e lá permanecerá por 2 ou 3 dias esperando o espermatozoide. Se ele não aparecer, o óvulo se cansa de esperar e vai embora!

Contando que nem tudo é perfeito, pode ocorrer de você ovular alguns dias antes ou alguns dias depois.

"Então, entre o 12º e o 16º dias do ciclo a mulher pode estar ovulando!"

Exatamente! Mas isso apenas para as mulheres que têm ciclos regulares, de 28 dias.

Mas não precisa ser nenhum gênio da matemática para calcular o período fértil do ciclo menstrual. Se o seu ciclo todo tem 30 dias, basta pensar que no meio dele (no 15º dia) você tem chances de ovular; considerando a margem de erro, subtraia dois dias, e acrescente dois dias para levar em conta o tempo que o óvulo ficará esperando o espermatozoide. Assim, temos a ovulação entre o 13º e o 17º dias. Para cada tipo de ciclo, um período fértil diferente!

Anatomia das mamas

A mama é basicamente constituída de glândulas e tecido adiposo (gordura).

A anatomia (de fora para dentro) começa com a pele, no meio está localizado o complexo aréola-papilar, em outras palavras "mamilo", "bico do seio", como você preferir. É constituído pela aréola, tecido corcar de coloração rósea ou arroxeada, e no centro apresenta uma protuberância, que é a papila.

Aprofundando um pouco, temos o tecido adiposo; em algumas mulheres estão presentes em quantidades maiores, em outras em quantidades menores (por isso que as mulheres têm diferentes tamanhos de mamas).

A gordura envolve toda a unidade funcional da mama, ou seja, as glândulas mamárias, que são formadas por lobos, esses formados por lóbulos, que por sua vez são formados por ácinos.

O tecido glândular é do tipo túbulo-alveolare, formado por 15 a 20 lobos.

Todos os lobos desembocam nos canais-lactíferos, que terminam na papila, que é por onde sai o leite ou as secreções das mamas.

Ao longo de todo o ciclo menstrual as mamas sofrem ações dos hormônios. Os hormônios podem deixar as glândulas maiores e mais túrgidas em alguns momentos do ciclo, principalmente no período pré-menstrual.

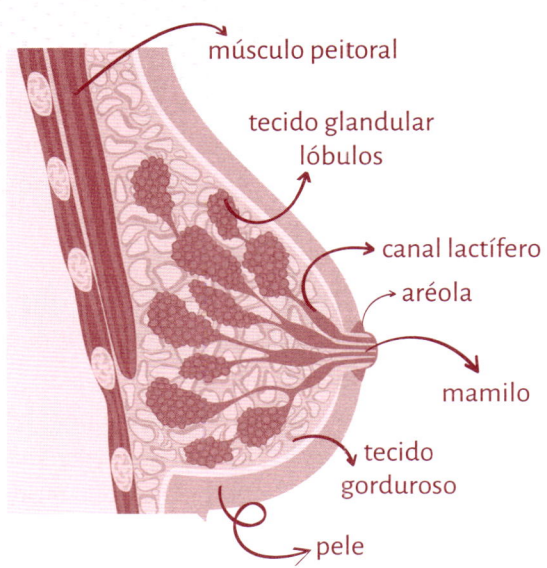

Por isso algumas mulheres podem sentir as mamas maiores e mais doloridas antes da menstruação!

DICA

Conheça bem o seu corpo. Para isso, anote de três ciclos seguidos:

▼ o dia em que começou a menstruação;
▼ o dia em que a menstruação cessou;
▼ o dia em que voltou a descer.

Tire uma média dessas três anotações. Assim, você vai saber quantos dias dura o seu fluxo menstrual (dias de sangramento), quantos dias dura o seu ciclo todo e quando você estará ovulando.

Deixamos um presente no final do livro: uma tabela para você anotar exatamente os dias e ter um controle melhor sobre você mesma.

Algumas mulheres podem ter um ciclo de 45 dias e outro de 22 dias, com pequenos escapes de sangue no meio do ciclo, ou períodos muito longos sem menstruar... Essas mulheres têm o ciclo menstrual irregular, e nesses casos não é possível identificar exatamente o período fértil. Mas, calma! Tenho um capítulo só para elas.

Agora você sabe como o corpo funciona normalmente. É preciso entender como é o certo para saber o que está errado, não é mesmo?

Então podemos prosseguir.

CAPÍTULO 2

Escuro, quente e úmido: sua piriquita e você!

Você já sabe exatamente como a vagina é formada e como ela funciona. Mas a sua piriquita* é muito mais do que isso. Dentro de um órgão tão importante existem muitas coisas acontecendo o tempo todo e você nem imagina.

Tanto a vagina como a vulva são regiões muito delicadas. O interior da vagina, por exemplo, é todo recoberto por mucosa; não existe uma camada de pele para proteção, o que a torna mais sensível.

Além disso, nós, médicos, comumente chamamos regiões como a vagina, a boca e o nariz de "porta de entrada". Isso significa que é através dessas estruturas que alguma bactéria pode se instalar no interior do seu corpo e iniciar um processo infeccioso.

Dentro da vagina existe uma espécie de ecossistema, ou seja, uma série de microrganismos vivendo em harmonia dentro de um pH adequado. A escala de medida do pH, de modo geral,

....
* Para este guia, optou-se pela grafia informal "piriquita", mais recorrente na linguagem falada, em vez de "periquita", conforme o Volp. (N. E.)

pode variar de 0 a 14. De 0 a 7, a substância é classificada como ácida, e de 7 a 14, como alcalina (ou básica). No caso da vagina, o valor de pH saudável é entre 3,8 a 4,5, ou seja, ácido.

Lá dentro existem os lactobacilos (sim, os mesmos do leite fermentado), que são responsáveis pela proteção, os leucócitos, que são as células de defesa, e bactérias que normalmente ocasionam corrimentos e infecções, como a *Candida albicans*, a *Gardnerella* e até a *Chlamydia*.

Todos esses microrganismos estão lá, no meio das suas secreções normais. Isso se chama **flora vaginal**.

Enquanto tudo estiver funcionando normalmente (pH adequado, lactobacilos fazendo a defesa, temperatura correta, ausência de lesões), nenhuma infecção ocorrerá.

Quando ocorre um desequilíbrio da flora vaginal, o pH da região se torna alcalino, perdendo assim a sua acidez protetora, contribuindo então para a proliferação de doenças. Isso pode resultar em sintomas como infecções, corrimentos, maus odores, coceiras e até desenvolver a vaginose. Dessa maneira, uma região tão sensível e sendo naturalmente uma porta de entrada merece cuidados especiais, pois o risco de contaminação é muito grande.

Escuro, quente e úmido

O que acontece se você deixar um pão de forma molhado dentro do armário fechado por um mês? Com certeza, ao abrir o armário, você encontrará uma grande camada verde e aveludada por cima do seu pão. Há uma proliferação de fungos e bactérias no pão, afinal lugares escuros, quentes e úmidos são propícios para a proliferação de fungos.

E aí? Alguma relação com a vagina? Sim. A vagina por si só tem essas três características.

Escura porque passa o dia todo coberta pela calcinha e alguma outra roupa – às vezes, calças muito apertadas e calcinhas de tecidos muito grossos como o náilon. Algumas mulheres fazem até pior: passam o dia todo com aquele protetor diário supergrosso, deixando a região ainda

mais escura e abafada. Por ser um órgão fechado, a piriquita já é escura, por isso as mulheres devem adotar práticas para evitar que fique ainda mais escura.

Quente por conta da região que ela fica, entre as pernas. Há mulheres que, por conta do trabalho, passam o dia todo sentadas, outras passam muito tempo andando e produzindo suor na região íntima. Em razão da sua grande quantidade de vasos, a piriquita já é um órgão quente, por isso, quanto mais a mulher deixá-la quente, mais facilmente fungos e bactérias se proliferarão.

Úmida porque dentro dela são produzidos secreções e muco. Nas paredes da vagina existem glândulas responsáveis por deixá-la lubrificada o dia todo, e essa lubrificação aumenta em momentos de excitação. As calcinhas, os absorventes, os protetores íntimos absorvem essa umidade e se mantêm úmidos; em contato com a vulva, a umidade aumenta ainda mais.

Imagine agora uma mulher que trabalha em escalas de longos períodos e passa muito tempo fora de casa. Vamos usar como exemplo as comissárias de bordo. Usar meia-calça feita de um tecido que esquenta muito a vulva, que faz parte de um uniforme que deixa a vagina numa região ainda mais escura e ainda passar longos períodos de pé ou sentada (com as pernas juntas, portanto) e com a mesma calcinha. Pronto! Temos aí o meio de cultura favorito de fungos e bactérias.

Princípios para uma piriquita saudável

Partindo de uma ideia de que uma piriquita saudável é aquela que tem equilíbrio entre células de defesa, bactérias normais da flora vaginal e pH adequado, tudo que quebrar essa harmonia facilitará casos de infecções e comprometerá a sua saúde íntima.

Para que nenhuma leitora cometa erros, vamos às minhas famosas dicas para uma piriquita saudável.

ENXUGUE-A APÓS O BANHO

"Mas eu a enxugo após o banho." Muito cuidado! Estou falando de secar a piriquita por completo. Para fazer isso da melhor forma possível, deve-se afastar os grandes lábios e enxugar a região do meio. Lembre-se: quanto mais úmida, pior.

PREFIRA CALCINHAS DE ALGODÃO

Alguns tecidos esquentam mais a região íntima do que outros. O náilon, por exemplo, é um tecido que abafa, impedindo o respiro da vagina. Se quiser uma dica de tecido mais leve para o dia a dia, opte pelo algodão, que permite maior ventilação.

EVITE O USO DE PROTETOR DIÁRIO

Lembre-se de que tudo que abafa e deixa a piriquita quente piora a saúde íntima. Um objeto grosso como um protetor diário com certeza atrapalhará a ventilação.

EVITE DUCHAS E SABONETES ÍNTIMOS

"Mas, doutor, eu não tenho que lavar pra ficar cheirosa e limpa?" Essa é uma questão muito importante. Você se lembra que eu comentei que na flora vaginal as células de defesa eliminam as bactérias causadoras de doenças? Lembra-se também da importância do pH adequado para o equilíbrio dessa flora? Então, lavar dentro da piriquita apenas alterará o pH vaginal, desestabilizando-o, e eliminará as células de defesa, criando assim uma ótima oportunidade para a candidíase e outros corrimentos aparecerem.

TROQUE DE CALCINHA AO LONGO DO DIA

Uma calcinha úmida e suada pode comprometer e muito o pH vaginal. O tecido grosso da calcinha com a umidade da lubrificação natural da vagina a tornarão o lugar preferido a para proliferação de bactérias e fungos.

Dica de ouro: Se você costuma passar o dia todo fora de casa, leve uma calcinha extra na bolsa, dentro de um saco plástico. No meio do dia troque a peça de roupa e coloque a usada no mesmo saco. Isso evita que você passe muito tempo com uma calcinha úmida e contaminada. Calcinha nova, vida nova!

DEIXE A PIRIQUITA RESPIRAR

Imagine agora você passando o dia todo embaixo de um edredom bem grosso, coberta dos pés até a cabeça. Provavelmente você se sentiria sufocada e sem ar. Nessas condições, você começaria a transpirar pelo calor e pelo ambiente abafado e logo estaria agoniada por uma região escura, quente e úmida. É dessa maneira que a sua piriquita se sente ao passar o dia todo presa na calcinha e na calça jeans. Ela precisa respirar. É muito importante que, em algum momento do dia, ela não se sinta sufocada. Por isso sempre oriento que as meninas durmam sem calcinha e de camisola. É um hábito muito saudável que evita o acúmulo de microrganismos nessa região. Tenho certeza de que essa pequena mudança melhorará bastante a sua saúde íntima.

EVITE USAR CALÇAS MUITO JUSTAS

Aqui temos dois motivos muito importantes. O primeiro é o bendito "escuro, quente e úmido" que eu tanto falo. Quanto mais apertada a calça, mais úmida e abafada a vulva ficará. O segundo motivo é que calças muito apertadas comprometem a circulação sanguínea da região. As veias e artérias funcionam como pequenos canudos que levam o sangue para todo o nosso corpo. Agora, pense comigo: se você apertar um canudo e tentar sugar o seu suco, você não irá conseguir, certo? O mesmo ocorre com as veias e artérias. Uma calça muito justa comprime esses vasos, de maneira que o sangue não chega no local adequado. Tudo no nosso corpo precisa de sangue para funcionar corretamente. Tudo, inclusive a vagina: sem irrigação sanguínea adequada, além de perder a defesa natural dos leucócitos, você pode até diminuir a sensibilidade do clitóris e do ponto G, o que dificultará sua capacidade de atingir orgasmos no futuro.

CUIDADO COM O USO DE AMACIANTE DE ROUPAS

Muitas mulheres não sabem disso, mas a lógica é básica. Lembra-se que eu disse que o pH da vagina é muito ácido, e que é importante que ele esteja sempre nos níveis corretos para manter o equilíbrio da flora vaginal? Lembra-se também que qualquer substância em contato com essa área pode alterar o pH, deixando-o mais básico ou alcalino? Pois bem, o uso de amaciante de roupas na calcinha pode deixar a sua piriquita o dia todo em contato com os componentes químicos desse produto. Sim, esses produtos têm um cheiro delicioso e deixam a roupa bem macia, mas muitas mulheres estão tendo corrimento por conta da alteração do pH que o perfume deles causa na vagina. E qual a solução? Lavar as calcinhas separadamente das demais roupas, de preferência com sabão neutro e deixar que sequem naturalmente. Isto mesmo: o mínimo de interferência química nessas peças de roupa.

JAMAIS USE DESODORANTE OU PERFUME

Pode parecer uma dica muito óbvia, afinal, desodorante foi feito para as axilas e o perfume, para o corpo. Porém, algumas mulheres vão para um encontro com o namorado com a piriquita cheirando a perfume importado! O que elas não se lembram é das dicas do Dr. Bruno Jacob a respeito do pH adequado da vagina. Um perfume, além de todos os componentes químicos, possui uma grande quantidade de álcool. Isso pode causar ressecamento e ardência em uma região tão sensível como a vagina, que, como já vimos, é toda revestida por mucosa. Jamais use perfumes ou desodorantes na região íntima; deixe a piriquita com seu cheiro natural.

SE FOR MEXER NELA, LAVE BEM AS MÃOS

Aqui vem a dica que mais passa batida por todas as mulheres. Mas, antes, uma curiosidade rápida: A parte mais contaminada do seu corpo é a ponta do seu dedo. Para entender isso é muito simples. Você usa a ponta dos dedos para tudo: segurar um copo, chamar o elevador, acariciar seu animal de estimação, abrir uma porta. Ao longo do dia acumula incontáveis bactérias na ponta dos dedos. Aí, em algum momento, você vai tocar na sua vagina (seja para se masturbar, arrumar a calcinha ou colocar uma medicação). Se fizer isso com os dedos tomados por bactérias, elas passarão para a região íntima, contaminando-a completamente. A higiene antes de tocar a piriquita é essencial, mas não precisa esterilizar sua mão. Lembre-se de que água e sabão são excelentes componentes para uma boa higiene.

CUIDADO AO FAZER O NÚMERO DOIS

Toda criança quando começa a crescer deve ser orientada a respeito da higiene adequada. Porém, existe um conceito muito básico que deve ser ensinado para todas as meninas. A anatomia feminina, infelizmente, permitiu que uma região muito delicada, a vagina, ficasse muito próxima de uma região muito contaminada, o ânus. Essa região é colonizada por uma bactéria chamada *Escherichia coli*, que, em contato com a vagina, pode causar um grande desarranjo na flora, permitindo a disseminação de corrimentos e infecções. Logo, sempre que for se limpar após o número dois, o faça da frente para trás, levando assim as bactérias para longe da vagina. Caso faça de forma contrária, de trás para frente, você levará o papel contaminado em direção à vagina.

CAPÍTULO 3

Menarca

A palavra menarca vem do grego, *men*, que significa "mês", e *arkhe*, que significa "começo".

"Então 'menarca' significa começo do mês!"

Sim, mas isso se você levar a tradução ao pé da letra. Menarca é, na verdade, a primeira menstruação da vida de uma menina.

E ela é o marco inicial da vida reprodutiva de toda mulher. Ou seja, você menstruou? Então você já está apta a engravidar!

"Ah, mas eu menstruei muito cedo, minha menarca foi aos 9 anos..." Não importa. Menstruou, já pode engravidar. Mas há uma média de idade para a primeira menstruação ocorrer: na maioria dos casos, varia entre os 11 e 14 anos de idade.

Junto com a primeira menstruação vêm também as mudanças no corpo da menina, que está se desenvolvendo e se tornando mulher.

Como você já sabe, o estrogênio é o hormônio responsável pelas características sexuais femininas, certo? Pois bem, agora ele entra em ação. Na puberdade esse hormônio apresenta um pico de produção, e as características do "virar mulher" começam a aparecer.

A primeira característica a ser percebida é o **botão mamário**, que indica o início do crescimento das mamas. A chamada **telarca** aparece, em média, entre os 10 e 11 anos de idade, e tem cinco estágios.

Com as mudanças da mama, vem também a transformação nos pelos, a chamada **pubarca**, e ela também possui cinco estágios.

A telarca e a pubarca são o marco inicial das mudanças do corpo feminino, mas essa avalanche de hormônios traz com ela outras mudanças.

A voz começa a mudar, a voz de criança dará, aos poucos, espaço para a voz de mulher, um pouco mais grossa. Essa transição pode deixar sua voz estranha no começo, meio desafinada, e isso é normal. Até a Sandy passou por isso! Os pelos também surgirão em outros lugares, como nas axilas, nos braços, nas coxas, no rosto e na barriga.

A pele começará a ficar mais oleosa, dando espaço para o surgimento de espinhas e cravos. Se for o seu caso, invista nos cremes e sabonetes antiacne. As glândulas produtoras de suor, chamadas de sudoríparas, começarão a funcionar. Você terá que aprender a usar desodorante... Aliás, essas glândulas não se encontram apenas debaixo dos braços: sua piriquita também terá um odor mais forte em alguns momentos do mês.

Mas você acha que as mudanças ocorrem apenas na parte física? A puberdade também traz modificações no seu comportamento, e isso não é culpa apenas dos hormônios. O mundo ao seu redor está mudando, e você está enxergando tudo com outros olhos...

Seus pais não são mais aqueles heróis da infância; eles agora são apenas pais e muitas vezes parecem estar contra você e contra seus desejos. As pessoas ao seu redor também mudam. Elas deixam de te achar bonitinha e de rir quando você derruba comida no chão. As coisas não vêm mais até você, agora é você quem deve ir atrás do que deseja. As outras pessoas começam a ser mais interessantes, e você também passa a ser interessante para elas. Com isso, vêm a ansiedade e a cobrança pelo primeiro beijo... Também começam as cobranças na escola e com o que você vai fazer da vida quando crescer.

Essas mudanças, tanto físicas como emocionais, ocorrem todas de uma vez, ou seja, ao mesmo tempo em que acostuma-se a usar sutiã, você também vai se adaptando ao absorvente, ao desodorante, aos corrimentos, aos cosméticos antiacne. Além disso, a menstruação te pega de surpresa, o *crush* não te dá bola, as amigas são falsas, os pais são um saco, a TPM... Muitas vezes, era mais fácil ser criança!

Puberdade precoce × puberdade tardia

Essas mudanças, bem como a menarca, ocorrem em média entre os 11 e 14 anos de vida, porém os médicos consideram normal que ocorram entre os 9 e 16 anos.

Assim, uma menina que menstrua antes dos 9 anos de idade tem uma **menarca precoce**. Consequentemente, isso traz uma **puberdade precoce**, em que basicamente a idade óssea é maior do que a idade cronológica. De forma mais clara, essa menina terá um desenvolvimento de todos aqueles parâmetros muito cedo.

Menstruar pela primeira vez aos 8 anos pode fazer com que, aos 9 anos de idade, a menina já tenha um desenvolvimento de seios e pelos pubianos avançado. Isso pode gerar incômodo e constrangimento para a criança, como piadas e *bullying* na escola, o que faz a menina tentar esconder o surgimento dos caracteres sexuais.

A puberdade precoce tem várias causas. Elas podem estar relacionadas com o sistema nervoso central – o cérebro orientando o corpo a produzir mais hormônios precocemente –, ou podem ter causas periféricas – os ovários ou as glândulas adrenais produzindo hormônios por causa de cistos ou tumores.

Por outro lado, existe a **puberdade tardia**. Sua causa também é hormonal, e ocorre quando a menina não apresenta qualquer sinal de puberdade até os 14 anos de idade ou não menstrua até os 16 anos. A puberdade tardia também pode gerar estresse psicológico na adolescente, por se comparar a amigas que já menstruam e possuem mamas, gerando ansiedade.

Todas essas alterações possuem diagnóstico e tratamento, e devem ser avaliadas por um médico.

Como a mãe pode ajudar a filha?

Nessa fase, estar presente ao lado de sua filha com certeza a ajudará muito. Afinal, você já passou por tudo isso e, com certeza, tem muito a ensinar.

ENSINE-A A TER PACIÊNCIA NOS PRIMEIROS MESES

Os primeiros ciclos menstruais costumam ser bem irregulares. Em um mês a menstruação pode durar dois dias; no outro, pode passar de uma semana. O intervalo pode ser mais curto, pode haver duas menstruações no mês, pode demorar três meses até a próxima menstruação etc. Para uma menina que até então nem menstruava isso pode ser muito chato. Por isso, oriente sua filha que nos primeiros meses, ou até no primeiro ano, os ciclos serão bem irregulares.

Caso essa irregularidade ultrapasse o primeiro ano, converse com o ginecologista, pois nessa idade já surgem os primeiros sintomas de ovários policísticos.

ENSINE-A A TER CONTROLE SOBRE O CICLO

Após o período de adaptação, a menstruação seguirá um ciclo. O ideal é que a menina saiba seu ciclo na ponta da língua. Assim ela não será pega de surpresa – saberá se a menstruação está atrasada ou se está tendo algum escape. Por isso, crie um diário menstrual: anote nele o dia em que a menstruação começou, o dia em que ela parou, o dia em que recomeçou, se ouve algum escape e quantos absorventes usou por dia de menstruação. Registre também dores no meio do ciclo, cólicas antes e durante a menstruação. Isso ajudará na hora de escolher um anticoncepcional, ou até para diagnosticar distúrbios no ciclo menstrual.

A menina deve ter controle sobre sua menstruação, jamais a menstruação deve controlá-la.

DICAS VALIOSAS DE HIGIENE PARA "AQUELES" DIAS

Se sua filha nunca viu um absorvente na vida, ajude-a a escolher o tamanho correto e a trocar na hora certa. Incentive-a também a criar o hábito de carregar alguns absorventes extras na bolsa, principalmente no começo, quando a intensidade do fluxo menstrual ainda é confusa.

Imagine-se na escola. Seu absorvente começa a vazar e você não tem nenhum outro na mochila.

Logo, se ela usa dois absorventes na escola por dia, oriente-a a levar três. Bolsa de mulher sempre cabe mais!

ENSINE QUE A TPM EXISTE

A menina já vai estar irritada com tantas mudanças físicas e emocionais, mas em um momento específico do mês ela vai estar ainda mais estressada.

Sim, junto com a menstruação vem a TPM, e, apesar de todo mundo saber dela, é muito difícil para a menina conseguir identificar quando a tensão é pré-menstrual e quando é só tensão do dia a dia mesmo.

Por isso é importante controlar o ciclo. Se a menina sabe que está próximo de a menstruação chegar e percebe-se agindo de maneira estranha, ela consegue correlacionar os sintomas e saber o que está havendo com seu corpo.

O autoconhecimento é muito importante para passar por essa fase da melhor maneira possível.

AS CÓLICAS TAMBÉM EXISTEM

Não é só a TPM que vem junto com a menarca. As cólicas começarão a fazer parte dos meses de quase todas as meninas. Algumas mais, outras menos.

Saiba que nesse momento as medicações chamadas antiespasmódicas podem ajudar bastante. Procure um ginecologista para ajudar a entender qual o melhor medicamento a se tomar, e de que forma.

Há meninas que relatam cólicas muito fortes, e isso pode estar ligado a algumas condições como ovários policísticos ou até miomas. Nesses casos, o auxílio do ginecologista é imprescindível.

Cheguei à puberdade, e agora?

Se tem uma fase que gera dúvidas na vida da mulher, tenho certeza de que é a puberdade. Sabendo disso, separei aqui as dúvidas mais comuns, as quais esclareço a seguir.

Agora que eu menstruei, vou parar de crescer?

Quanto mais cedo a menina menstrua, menor poderá ser sua estatura na vida adulta. Após a menstruação, o crescimento continua, mas em ritmo menor.

Se eu menstruei, devo tomar anticoncepcional?

Calma! O anticoncepcional tem sua hora e sua indicação.

Sabemos que hoje em dia ele serve para outras coisas, além de evitar gestação, como diminuir cólicas, regular o fluxo menstrual e ajudar no tratamento da síndrome dos ovários policísticos. Depende do que você sente e do que você quer.

Você não é obrigada a usar anticoncepcional se não quiser, e também não é muito nova para usar anticoncepcional, caso precise e queira.

Minhas amigas já menstruaram, e eu não!

A menarca varia de idade de menina para menina. Isso muda em relação a raça, cor e até peso de cada uma. Algumas mais cedo, outras mais tarde. Você tem até os 15 ou 16 anos para menstruar sem que isso seja considerado anormal.

Como saber se meu fluxo é normal?

O fluxo menstrual dura, em média, três a cinco dias e o ciclo perdura cerca de 28 dias. Nos primeiros meses, o ciclo será irregular, bem como o fluxo. Você deve ter paciência e se observar direitinho. Em caso de dúvidas, procure seu ginecologista.

É possível engravidar nos primeiros meses após a menarca?

Sim! Como eu disse, se você está menstruando é porque o seu corpo já está pronto para gestar. Por isso, previna-se.

Todos os meses eu vou ficar inchada?

O inchaço ocorre por conta da retenção de líquidos que os hormônios causam. Infelizmente isso é bem normal, mas não é uma regra.

Primeira consulta ao ginecologista: o que esperar?

Cedo ou tarde, você terá de ir ao ginecologista. Talvez você nunca vá a um ortopedista ou cardiologista na sua vida, mas ao ginecologista você vai. É inevitável.

Mas quando ir pela primeira vez?

Não existe uma época certa para ir ao ginecologista pela primeira vez. Algumas meninas vão logo após a primeira menstruação para tirar dúvidas e fazer exames. Outras nem esperam a primeira menstruação, vão antes da menarca, para, quando acontecer, já estar preparadas. Algumas só procuram o ginecologista quando algo está diferente ou incomodando, e querem saber o que é e como tratar, se for o caso. Existem também aquelas que esperam a primeira relação sexual, assim elas já aproveitam para escolher o método contraceptivo e tirar dúvidas sobre DST.

Enfim, você é quem decide quando ir pela primeira vez ao ginecologista, mas o ideal é não esperar algo dar errado para procurar um médico. A puberdade é cercada de dúvidas e mudanças; tire essas dúvidas o mais rápido possível.

Mas a principal dúvida das meninas é: como é a primeira consulta ao ginecologista?

Primeiramente, não dá para saber ao certo como será a primeira consulta de uma mulher, pois isso varia em relação à queixa da paciente. Não necessariamente você será examinada, e também não é obrigatório o médico te pedir algum exame. Outra dúvida comum é se a sua mãe irá entrar, ou se tudo o que você disser ao médico será contado para ela.

Sua mãe só entra se você quiser. Exatamente, quem manda na sala não é o médico, é a paciente. Se você desejar, ela entra; se não, ela não entra. Simples assim.

Em relação a sua mãe saber de tudo, fique tranquila. Existe uma coisa chamada sigilo médico, e, por mais que a sua mãe queira, o seu médico nunca contará a ela o que você disse na consulta. A menos que algo que você diga possa comprometer a sua saúde ou a de terceiros, todas as informações estarão seguras.

Ou seja, você decide a primeira vez de ir, decide quem te acompanha, decide se toma anticoncepcional, decide o que conta ou deixa de contar. Nada é obrigatório. Quem manda é você.

A primeira menstruação traz, sem dúvidas, muitas coisas novas para cada menina. É muito importante você passar essa fase da melhor maneira possível.

CAPÍTULO 4

Menstruação: da TPM até a última gota

Agora vou falar tudo o que pode acontecer de diferente na menstruação. Para isso, é importante lembrar a fisiologia do ciclo menstrual.

O cérebro controla ciclicamente os ovários; os ovários, por sua vez, produzem hormônios que atuam no útero. Esse é o eixo cérebro-ovários. Tudo o que interferir na harmonia desse eixo levará a alterações menstruais.

Mas para saber o que está errado, você precisa conhecer o certo, não é mesmo? Então vamos pontuar o que é normal e o que não é em termos de alteração do ciclo menstrual.

O normal (fisiológico)

A duração da menstruação deve ser de dois a sete dias; o fluxo deve ter aproximadamente 80 ml e o ciclo todo deve durar entre 21 e 35 dias, mas temos uma média de 28 dias.

Tudo o que fugir desses parâmetros é considerado alteração.

Alterações menstruais

Intervalo muito pequeno: Quando o período entre a menstruação é menor que 21 dias, ocorrendo, portanto, mais de uma menstruação no mês. Essa alteração também é conhecida como **polimenorreia**.

Intervalo muito grande: Quando o período entre a menstruação é maior que 35 dias, ou seja, a paciente pode ficar um mês ou mais sem menstruar. Também chamada de oligomenorreia.

▼ **Escapes:** Essa alteração, também conhecida como **metrorragia**, causa sangramentos fora do período menstrual. No meio do ciclo acontece um pequeno sangramento, que pode durar um ou dois dias.

▼ **Muita quantidade:** O ciclo apresenta intervalos regulares, porém o fluxo é muito grande. Alteração também conhecida como **menorragia**.

▼ **Pouca quantidade:** O ciclo é regular, porém o fluxo é pouco.

▼ **Muitos dias:** O ciclo é regular, porém a mulher passa mais de sete dias menstruando.

▼ **Poucos dias:** O ciclo é regular, porém a mulher passa dois dias ou menos sangrando.

▼ **Amenorreia:** É a ausência de menstruação por 90 dias ou mais.

▼ **Irregularidade menstrual:** A mulher menstrua de forma desordenada. Em um mês, sangra normalmente, no outro mês menstrua duas vezes, em seguida fica dois meses sem menstruar... Ou seja, uma bagunça.

Pronto, agora temos bem claro o que é fisiológico e o que é alteração. Vamos falar um pouco de cada uma delas.

Atraso menstrual

A menstruação atrasou, o que você faz?

É claro que, para todo atraso menstrual, uma mulher dita "regulada" e com a vida sexual ativa sempre pensará em gravidez, mas nem sempre ela é a causa. Em geral, poucos dias de atraso menstrual podem acontecer em mulheres com ciclos regulares sem que isso tenha uma explicação. Porém, se isso acontecer na maioria dos ciclos, podemos estar diante de uma irregularidade menstrual.

O nome já fala por si. É uma menstruação que não é certinha; cada mês é uma surpresa diferente, o que pode ser muito chato. Afinal, um escape fora de casa (no colégio ou no trabalho, por exemplo) pode constranger. Episódios de atraso menstrual podem gerar ansiedade e nervosismo. Já pensou perder uma noite de sono pensando em uma gravidez não desejada?

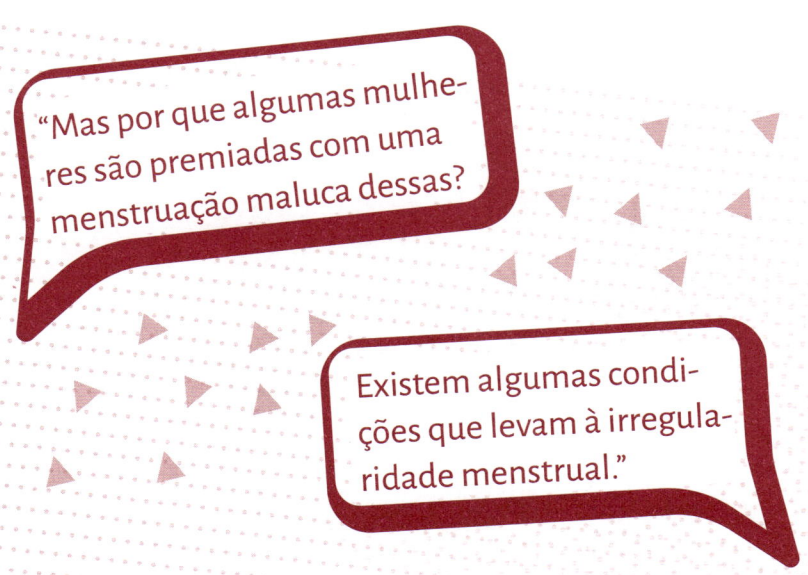

"Mas por que algumas mulheres são premiadas com uma menstruação maluca dessas?

Existem algumas condições que levam à irregularidade menstrual."

FATORES DE IRREGULARIDADE MENSTRUAL

Síndrome dos ovários policísticos (SOP)

Ocorre quando a mulher tem uma alteração nos níveis hormonais masculinos. Basicamente é um aumento no tamanho dos ovários por conta de vários pequenos cistos (*poli* = "muitos", *císticos* = "cistos").

Sua causa não é totalmente esclarecida, mas sabe-se que tem um importante fator genético, ou seja, passado de mãe para filha. Estima-se que atinja 2 milhões de mulheres por ano no Brasil.

Na medicina, "síndrome" quer dizer um conjunto de sintomas que caracterizam uma condição; no caso da SOP, eles são muitos e dos mais variados:

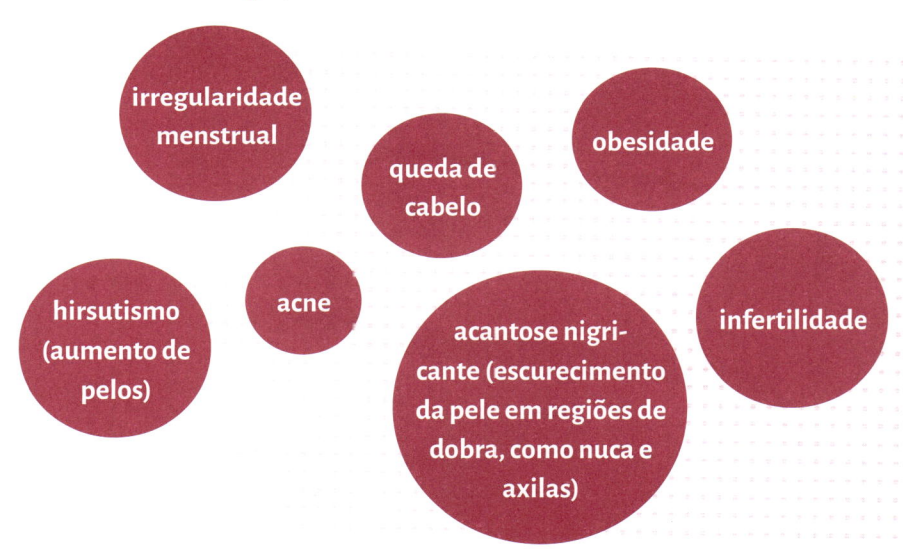

- irregularidade menstrual
- queda de cabelo
- obesidade
- hirsutismo (aumento de pelos)
- acne
- acantose nigricante (escurecimento da pele em regiões de dobra, como nuca e axilas)
- infertilidade

Tudo isso ocorre por conta das alterações hormonais. Toda mulher tem testosterona, mesmo que em pouca quantidade, mas mulheres com SOP apresentam níveis um pouco elevados desse hormônio. O aumento desse hormônio, tipicamente masculino, desregula todo o ciclo menstrual.

Para o diagnóstico, é necessária uma avaliação, em que se consideram sintomas, exames de imagem para avaliar tamanho e características dos ovários, além de dosagem hormonal.

Infelizmente essa condição não tem cura, apenas controle, que é feito com medicamentos reguladores das taxas hormonais. Também é feito um tratamento direto em relação aos sintomas. Se a paciente apresenta, por exemplo, muita acne, são feitos tratamentos estéticos para acne; se a paciente apresenta sobrepeso, é feito um acompanhamento com dieta e exercícios; e assim por diante.

Hipotireoidismo

Lembra-se do eixo cérebro-ovários? Lembra-se também que tudo o que interfere nesse eixo causa desequilíbrio nessa harmonia, podendo desregular o ciclo menstrual? Pois bem, hipotireoidismo é uma condição hormonal causada pela diminuição dos hormônios da tireoide.

Obesidade

Por definição, uma pessoa que apresenta índice de massa corpórea (IMC) acima de 40 é considerada obesa.

Mas como isso interfere na menstruação? Simples, hormônios! Sim, mais uma vez eles estão aí, alterando sua menstruação.

O que acontece é que no tecido adiposo (gordura) ocorre uma chamada aromatização periférica, ou seja, o hormônio testosterona se converte em estrogênio. Logo, quanto mais gordura uma pessoa tiver, mais a testosterona irá se tornar estrogênio. Entendeu? É simples!

Toda essa alteração hormonal tem a poder de modificar o ciclo menstrual.

Distúrbios alimentares

Tanto a bulimia como a anorexia, ou até mesmo uma dieta mais rígida com uma drástica mudança de peso, podem desregular todo o ciclo menstrual da mulher. Uma vez que o IMC está abaixo de 18, já é suficiente para alterar o ciclo menstrual; além disso, com a perda brusca de peso, ocorre uma alteração no sistema nervoso central (SNC), mais precisamente no hipotálamo.

Lembre-se de que o ciclo menstrual começa no cérebro; ele que controla a secreção de hormônios dos ovários. Tudo o que desequilibrar o eixo do SNC com os ovários desestabilizará também todo o seu funcionamento, e desregular o ciclo.

Atividades físicas

Calma! Nem passa pela minha cabeça pedir a você que pare de fazer exercícios físicos.

Ocorre que mulheres atletas e competidoras, que possuem uma rotina extenuante de exercícios, podem apresentar desequilíbrio nos hormônios da tireoide. Além disso, as atletas também podem ter um aumento da prolactina e da testosterona, dois hormônios que não combinam com menstruação regular.

Estresse

Você achou que ele não ia estar por aqui? O estresse tem um poder muito grande sobre a fisiologia do nosso organismo.

Basicamente, todas as principais atividades hormonais podem ser alteradas pelo estresse, e não é diferente com a menstruação.

É comprovado que o estresse causa alteração no sistema nervoso central, mais precisamente no hipotálamo, o que pode modificar os comandos do cérebro sobre os ovários, tendo um importante efeito na menstruação.

Quer um exemplo prático disso?

É comum uma mulher apresentar atraso menstrual e consequente preocupação com uma gravidez indesejada. Ela fica tensa, pois a menstruação não vem, e quanto mais tensa ela fica, mais a menstruação atrasa; e quanto mais a menstruação atrasa, mais ela fica tensa. Isso se torna um ciclo.

Quando essa mulher faz o teste de farmácia e ele dá negativo, mostrando que ela não está grávida, ela tem um grande alívio e logo em seguida a menstruação aparece, pois o fator estresse já foi embora.

Interrupção da pílula

Normalmente, quando uma mulher que faz uso do anticoncepcional por muito tempo faz uma pausa, ela apresenta o que chamamos de **amenorreia pós-pílula**.

É como se o corpo da mulher estivesse acostumado com a pílula fazendo todo o trabalho de controlar o ciclo menstrual, e ele se "esquece" de fazer isso, pois ela não avisa que suspenderá a pílula. Até ele entrar no ritmo e voltar com o ciclo normal, a menstruação pode ficar sumida por até 90 dias. Isso é bastante comum e não traz riscos à saúde da mulher. Porém, se a amenorreia durar muito tempo, é ideal procurar um médico para avaliação.

Uso de medicamentos

Alguns remédios podem interferir no seu ciclo menstrual. Por exemplo, corticoides, antidepressivos, anti-hipertensivos e quimioterápicos.

Toda alteração menstrual deve ser investigada até que se descubra a causa. Como você pode perceber, as causas são muitas, mas o importante é que existe tratamento para todas elas.

Aumento do fluxo menstrual

Vamos ser francos: quase ninguém gosta de ficar menstruada. Muitas mulheres já acham muito chato ficar menstruada por quatro dias, ter que trocar o absorvente várias vezes ao longo do dia, não poder ir à piscina, ter que cancelar o encontro com o *crush*, não pode usar calça branca... Agora imagine ficar menstruada por 15 dias, ou seja, passar metade do mês no vermelho. Imagina ter que usar um pacote de absorventes por dia, ou pior, ter que usar um absorvente enorme, noturno, que mais parece uma fralda, tudo isso para não vazar, por causa de um fluxo muito intenso. Chegar a ter fraqueza, anemia, palidez, não conseguir fazer quase nada por conta da enorme perda sanguínea que a menstruação te traz. Aposto que quem menstrua por três dias não está mais reclamando.

Chamamos isso de **hipermenorreia** e **polimenorreia.**

No tópico anterior falamos de menstruação que não aparece ou que atrasa; neste, vamos tratar a respeito de uma menstruação que aparece demais, mais do que deveria.

E quais são suas causas?

Miomas

Todo mundo fala de miomas, mas, afinal, o que eles são?

Nas primeiras páginas do livro, no capítulo sobre anatomia, expliquei que o útero é formado por uma camada muscular chamada miométrio. Miomas são tumores que ocorrem no miométrio, ocasionando um crescimento exagerado de uma região ou de várias regiões do útero. Isso pode provocar um aumento do tamanho geral do órgão.

Mas não se preocupe com o termo "tumor". Mioma não é e nem vira câncer. É o que chamamos de tumores benignos, ou seja: eles crescem, mas não fazem nada de maligno.

Porém, ao aumentar o tamanho do útero, o mioma pode também elevar o fluxo menstrual. Isso depende do tamanho dele e da sua localização.

Miomas podem surgir e crescer na parte interna do útero – são os chamados **submucosos**. Estes têm um poder de intensificar o sangramento da menstruação.

Os miomas que se desenvolvem no meio do útero – os **intramurais** –, dependendo do tamanho, podem alterar o fluxo menstrual.

Já os miomas chamados **subserosos** são aqueles que ficam na região mais externa no útero, praticamente para fora. Muito raramente eles aumentam o fluxo menstrual, mas podem comprimir alguns órgãos próximos ao útero e causar dor e outros sintomas.

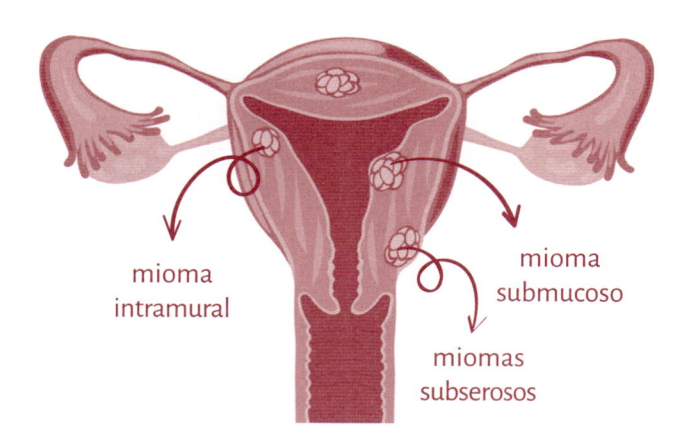

mioma intramural

mioma submucoso

miomas subserosos

E por que um tumor benigno tem um sintoma chato como esse? Simples! Como eu disse, ele pode aumentar o útero, levando o órgão a ficar quatro vezes maior ou mais. Esse aumento ocasiona sangramentos mais intensos, afinal, qual tipo de útero você acha que produz mais sangue: um pequeno ou um grandão?

O tratamento pode ser feito com medicações que cortem o sangramento, ou até uma cirurgia, seja com a histerectomia (remoção completa do útero) ou apenas a retirada dos miomas.

Pólipos

Um **pólipo** também não é câncer, é uma protuberância anormal no endométrio. Ele ocorre por conta de um crescimento irregular desse tecido. Ele pode ter vários tamanhos e formas, e diversos tipos de vascularização.

Os pólipos elevam o fluxo menstrual por causar um aumento no endométrio, gerando mais sangue na hora da menstruação.

Eles podem ser retirados com uma cirurgia chamada **histeroscopia**, que é feita totalmente via vaginal.

Cistos funcionais

Os ovários têm o poder de produzir vários cistos dentro deles. Alguns cistos são mais inofensivos, e o próprio corpo os reabsorve. Outros podem ter uma certa funcionalidade no corpo – são os chamados **cistos funcionais**.

Eles podem, sim, produzir hormônios e alterar diretamente o ciclo menstrual. Em alguns casos, podem provocar um aumento na quantidade de sangue e de dias que a mulher menstrua.

Alterações hormonais

A ação de hormônios pode tanto diminuir como aumentar o fluxo menstrual.

Alterações sanguíneas

Algumas mulheres possuem uma alteração nos parâmetros de coagulação do sangue.

A coagulação é um fator que age diretamente nos sangramentos, com a finalidade de fazer com que eles cessem, diminuindo assim a perda de sangue.

A coagulação também interfere na menstruação. Qualquer alteração nas plaquetas ou na coagulação fará com que a mulher sangre mais e por mais tempo no período menstrual.

Malformações uterinas

Já vimos que os miomas, assim como os pólipos, aumentam o sangramento, uma vez que mudam a parte interna do útero. Qualquer alteração na cavidade uterina pode mudar o fluxo menstrual.

Algumas mulheres apresentam o útero com formações diferentes, como o útero didelfo e útero bicorno.

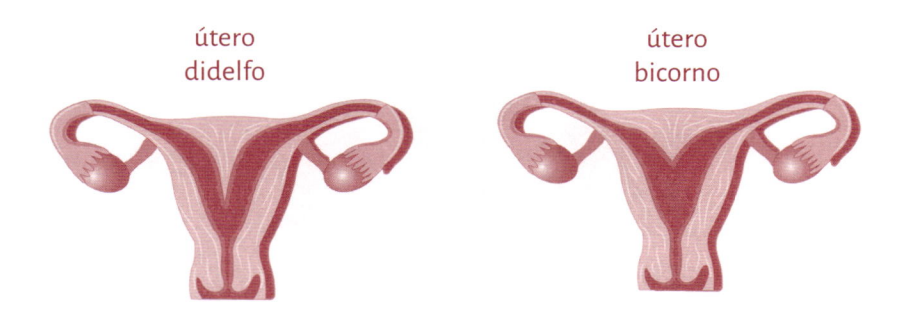

útero didelfo

útero bicorno

Essas alterações podem mudar a forma e o tamanho do útero. Há casos de mulheres que apresentam quase duas cavidades uterinas; às vezes elas são realmente duas. A explicação é simples: um útero maior ou uma cavidade maior irá produzir mais endométrio e, consequentemente, mais sangue, ocasionando um fluxo maior e até mais dias de sangramento.

TPM

Esse é um assunto que não interessa apenas às mulheres. Eu gostaria que os esposos, namorados, chefes de trabalho e até filhos tivessem uma atenção especial e se atentassem para as explicações que vou dar.

Atualmente são descritos mais de 150 sintomas da TPM na literatura médica, divididos em emocionais e físicos. Cito, a seguir, alguns deles.

SINTOMAS EMOCIONAIS

- choro
- fome
- tristeza
- alteração de humor
- euforia
- raiva
- irritabilidade
- descontentamento geral
- dificuldade de concentração
- sonolência
- depressão
- ansiedade
- insônia

SINTOMAS FÍSICOS

- dor de cabeça
- acne
- constipação
- fadiga
- dor nas mamas
- letargia
- retenção de líquido
- dor abdominal
- ganho de peso

É muito comum mulheres que sofrem com esses sintomas sentirem-se incompreendidas pelos homens no trabalho, nos relacionamentos ou na vida em geral. E muitas vezes eles realmente acham que é desculpa para agir grosseiramente. "Isso é coisa da sua cabeça" talvez seja a frase mais ouvida pelas mulheres nesse período.

É importante entender que existe uma explicação fisiológica para os sintomas da TPM.

O próprio nome diz: tensão pré-menstrual, ou seja, alguma coisa está acontecendo no corpo da mulher que não acontece nos outros dias do mês.

Antes de a menstruação acontecer de fato, ocorre uma queda abrupta dos hormônios envolvidos no ciclo menstrual, o estrógeno e a progesterona. Essa variação hormonal repentina interfere diretamente no sistema nervoso central da mulher, alterando neurotransmissores como a serotonina, a endorfina e a ocitocina. Esses neurotransmissores são responsáveis pelas emoções, sensações de bem-estar e felicidade. A queda dessas substâncias que causam sensações boas obviamente irá interferir no humor.

Agora fica fácil entender por que os sintomas emocionais ocorrem na TPM.

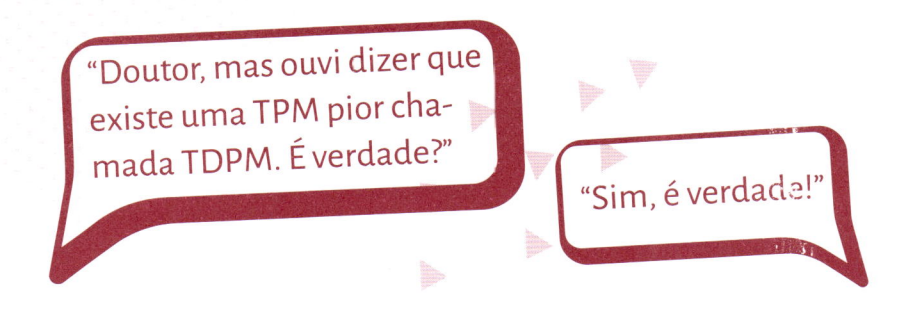

> "Doutor, mas ouvi dizer que existe uma TPM pior chamada TDPM. É verdade?"

> "Sim, é verdade!"

O **transtorno disfórico pré-menstrual (TDPM)** ocorre quando a alteração desses neurotransmissores interfere tanto no emocional que a mulher começa a apresentar sintomas de depressão profunda.

Sim, algumas mulheres realmente entram em depressão 7 ou 14 dias antes do início do fluxo menstrual, mas todos os sintomas desaparecem com a menstruação ou ao final dela.

E O QUE FAZER PARA REDUZIR ESSES SINTOMAS?

Algo tão incômodo para as mulheres precisa de um tratamento.

Existem diversas maneiras de reduzir os sintomas da TPM. Claro que é necessária uma avaliação médica, pois alguns casos são mais graves e outros, mais brandos.

Pílulas anticoncepcionais

Nos Estados Unidos, a Food and Drug Administration (FDA), uma agência federal do Departamento de Saúde e Serviços Humanos do país, aprovou o uso de algumas pílulas anticoncepcionais, como a drospirenona e o etinilestradiol, para mulheres que desejam reduzir os sintomas da TPM.

Vitaminas

Algumas vitaminas, como a B6 e a E, e minerais, como o cálcio e o magnésio, têm sido usados para melhorar os sintomas emocionais de mulheres que sofrem com a TPM.

Exercício físico

É comprovado que a prática regular de exercícios físicos reduz os sintomas da TPM.

Chocolate

Eis a grande lenda em relação aos sintomas da TPM.

A verdade é que o chocolate possui uma substância, o triptofano, que ajuda na produção de serotonina (o hormônio relacionado ao bem-estar). Além disso, o chocolate possui efeito estimulante e antidepressivo, perfeito então para um período de cansaço e depressão.

Se todos entendessem que a TPM tem uma explicação fisiológica – hormônios interferindo nos neurotransmissores do bem-estar –, as mulheres seriam melhor compreendidas nesse período para assim encarar esses sintomas de forma mais leve.

Pré-menopausa

Tudo tem um começo, um meio e um fim. Não seria diferente com a menstruação.

Para muitas mulheres a menopausa é um momento de se libertar da menstruação de todo mês, da TPM, das cólicas e de todos os males associados a ela. Outras veem a menopausa como um impeditivo para engravidar. Mas todas sabem que, apesar de ser fisiológico, alguns sintomas indesejados aparecem nesse período.

Menopausa nada mais é do que o fim do ciclo reprodutivo, isto é, quando os ovários, que são responsáveis pela ovulação, param de funcionar.

Mas os ovários fazem mais do que apenas liberar os óvulos; eles produzem hormônios. Na menopausa, dada a falência desses órgãos, a produção diminui.

À medida que a mulher envelhece, os ovários também envelhecem, e aos poucos eles vão perdendo suas funções.

Isso é esperado por volta dos 50 anos de idade da mulher. Caso ocorra antes dos 40 anos, é chamada de **menopausa precoce**.

O período que antecede a menopausa é chamado de **pré-menopausa.**

Por definição, a mulher está na menopausa quando fica um ano sem menstruar. Antes disso, é a pré-menopausa.

Esse período que antecede a menopausa dá os primeiros indícios com uma pequena falha no fluxo menstrual: em um ciclo a menstruação atrasa, no outro vem duas vezes; aí começam os escapes, depois dois meses sem, aí vem normal... Ou seja, a menstruação fica desregulada até parar de vez. Isso ocorre porque os hormônios já começam a diminuir. Muito parecido com a menarca, quando ela fica irregular até começar de vez.

"E como saber se estou na pré-menopausa?"

Existem alguns sintomas que, na verdade, são muito parecidos com os da menopausa, porém mais brandos.

O desejo sexual começa a diminuir, a insônia começa a aparecer e, claro, os calorões, mais conhecidos como fogachos, já começam a dar as caras.

Mas existem exames que mostram se a menopausa está mesmo próxima. Por exemplo, o exame de ultrassonografia transvaginal pode mostrar uma diminuição no tamanho dos ovários. É claro, se eles estão perdendo a sua função, eles começam a atrofiar.

Existem também os exames de dosagem hormonal. Simples: se os ovários param de produzir hormônios, aos poucos eles vão diminuindo.

Começou a sentir os sintomas acima? Foi diagnosticado que a menopausa está chegando? Em caso positivo, é possível se precaver para diminuir os sintomas mais indesejados.

PRATIQUE EXERCÍCIOS FÍSICOS

Primeiro, pratique exercícios físicos. Um sintoma típico da menopausa é o ganho de peso decorrente das flutuações hormonais.

Outro benefício do exercício físico é o fortalecimento dos ossos para a redução de fraturas. Faça exercícios fortalecer o assoalho pélvico. Esse músculo realiza a sustentação dos órgãos na cavidade pélvica (bexiga, reto e órgãos da bacia), e seu enfraquecimento pode desenvolver na mulher quadros de incontinência urinária e até mesmo problemas relacionados ao seu desempenho sexual.

MANTENHA HÁBITOS SAUDÁVEIS

Desenvolva e mantenha bons hábitos na hora do sono. A insônia pode estar relacionada a quedas de níveis de estrogênio e podem contribuir para confusão mental e baixa libido.

Alimente-se de forma adequada, diminuindo o sódio para reduzir o inchaço, e incluindo alimentos ricos em cálcio para a prevenção da osteoporose.

CONSULTE SEU MÉDICO

A maior queixa das mulheres em período de menopausa é o calor excessivo. Discuta com o seu médico os prós e contras da reposição hormonal. Além do mais, os sintomas de irritabilidade, secura vaginal e incontinência urinária também podem ser tratados.

O acompanhamento médico é essencial para o controle dos sintomas e a garantia de que eles não tirem a atenção de outras doenças. Portanto, realize os exames e consultas periodicamente.

Cólicas

Não tem como falar de menstruação sem falar nas cólicas. Em algum momento da sua vida você já teve cólica, nem que seja um pouquinho.

A questão é que algumas mulheres sofrem todos os meses com dores tão fortes que acabam incapacitando a realização das atividades do dia a dia.

Algumas mulheres não conseguem trabalhar, cuidar dos filhos, ter relações ou sequer sair de casa por causa das cólicas. Mas não são só elas que têm cólica. Sim, os homens também podem ter! É que a cólica que ficou famosa é a chamada cólica menstrual.

Então vamos definir o que é cólica. O termo "cólica" se refere a toda dor que ocorre em órgão oco. Isso inclui, além do útero, os rins, o intestino, o estômago e a vesícula biliar. Logo, um homem com cálculo renal pode sofrer de cólicas renais. Mas vamos focar em vocês, mulheres.

Dismenorreia é o nome que damos para a cólica menstrual, e a grande responsável por ela tem nome, a **prostaglandina**. Essa substância provoca a contração da musculatura do útero que irá expelir o endométrio para fora na forma de menstruação.

É como tirar o *ketchup* do pote: você tem que segurar, apertar, sacudir, até que o *ketchup* saia. O seu útero é o pote, o *ketchup* é o sangue da menstruação e a sua mão é a prostaglandina apertando seu útero para a menstruação sair. Quanto mais a prostaglandina agir, mais dor você vai sentir.

Guarde bem essa analogia do *ketchup*. Ela será importante mais adiante.

Resumindo: a menstruação precisa sair, e, para isso, o útero aperta e solta numa contração que fará o sangue ser expelido. Assim originam-se as cólicas.

"Mas por que algumas mulheres têm mais cólicas do que outras? O útero não é o mesmo?"

Não! Além da sensibilidade à dor ser muito pessoal, algumas mulheres têm alterações na forma ou no tamanho do útero, outras produzem mais prostaglandina. Vou explicar essas causas a seguir.

Como se não bastasse a cólica, alguns outros sintomas acontecem em mulheres que apresentam muitas dores nesse período: diarreia, náuseas e vômitos, desmaios, queda de pressão, dores de cabeça. E todos eles têm relação com a tal da prostaglandina.

Realmente, as cólicas atrapalham muito o dia a dia. Imagina se concentrar em uma reunião com o seu útero se contorcendo inteiro. Ou pior, imagina ter relação sexual em um período em que você não aguenta ficar em nenhuma posição. É por isso que muitas mulheres perdem dias de trabalho ou compromissos na escola para procurar um pronto-socorro e, com medicação na veia, melhorar logo.

MIOMAS

Você se lembra do pote de *ketchup*? Pois bem. Se você tem um pote muito grande, concorda que precisará apertar com mais força para o líquido sair? É exatamente isso que ocorre no útero com mioma.

O mioma deixa o útero quatro ou até cinco vezes maior do que o seu tamanho habitual. Logo, a prostaglandina precisará agir de modo que o útero faça mais força para expulsar o endométrio.

ENDOMETRIOSE

A endometriose é, basicamente, o crescimento do tecido que deveria estar dentro do útero em outros lugares, como ovários, bexiga ou intestino, por exemplo.

O endométrio se instala nos mais diversos locais do abdômen e todo mês ele cresce, gerando inflamação e consequentemente dores na região em que se localiza.

Mulheres com endometriose na bexiga podem ter dores para urinar; mulheres com a doença no intestino podem ter dores para evacuar.

Como esses sintomas aparecem durante o período menstrual, os chamamos de **dores cíclicas**. E todo mês a mulher tem cólicas muito mais fortes do que o habitual.

MALFORMAÇÕES UTERINAS

Assim como o mioma, as malformações uterinas também causam fortes cólicas.

Dependendo da malformação, o útero pode apresentar um tamanho maior – isso levará a mais força de contração nas cólicas e consequentemente mais dores.

PÓLIPOS

Os mesmos pólipos que elevam o fluxo menstrual também aumentam as cólicas. Isso ocorre porque dentro do útero o pólipo é um corpo estranho, algo que não deveria estar lá. Por isso o corpo gera uma resposta inflamatória afim de expulsá-lo.

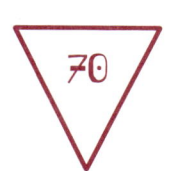

Consequentemente, essa resposta inflamatória aumentará a produção da prostaglandina. Quanto mais prostaglandina, mais cólica.

ADENOMIOSE

Como sabemos, o endométrio que cresce fora da cavidade uterina causa a endometriose. Pois bem, **adenomiose** é a endometriose que ocorre dentro da parede muscular do útero.

E, de novo, a presença desse endométrio causará uma inflamação, a inflamação aumentará os níveis de prostaglandina e isso levará a um aumento da cólica.

ESTENOSE

Estenose é um estreitamento na região cervical, que é o colo do útero.

Um estreitamento nessa região pode dificultar a saída do sangue, gerando um acúmulo de sangue dentro do útero.

A explicação é simples. Imagine novamente o frasco de *ketchup*. Se você tentar apertar o frasco e se esquecer de abrir a tampa, o conteúdo não vai sair. Assim, você apertará mais vezes, cada vez mais forte.

É isso o que ocorre na estenose. A prostaglandina precisa de mais força para tentar expelir o endométrio. Isso é difícil pois a "tampa" – o colo do útero – está fechada, ou com uma abertura muito pequena.

DISPOSITIVO INTRAUTERINO (DIU)

Dentro do útero o DIU é visto como um corpo estranho, algo que não pertence àquela região; logo, o corpo tenta expulsá-lo. Algo similar ocorre com o pólipo. Porém, o DIU de cobre tem ainda mais uma particularidade: os íons de cobre causam uma inflamação local (é assim que ele previne a gravidez), a inflamação aumenta a prostaglandina e. consequentemente, a cólica.

DOENÇA INFLAMATÓRIA PÉLVICA AGUDA (DIPA)

Dipa, como o nome diz, é uma inflamação na pelve. Inflamação aumenta a produção de prostaglandina e, como já sabemos, prostaglandina aumenta a cólica.

Uma vez descoberta a causa da cólica, já é meio caminho andado para o tratamento. Basta tratar a causa.

Mas existem algumas dicas básicas que você pode utilizar no dia a dia para melhorar os sintomas. Veja:

- ▼ praticar exercícios físicos;
- ▼ evitar consumir gorduras;
- ▼ beber muita água;
- ▼ beber chá de canela;
- ▼ fazer compressa quente;
- ▼ fazer acupuntura.

CAPÍTULO 5

Secreções

A leitura deste capítulo a fará *expert* em todos os tipos de secreções vaginais! Mas para isso vou refrescar um pouco sua memória sobre anatomia e fisiologia da vagina.

Lembre-se de que a vagina é revestida por mucosa, uma membrana que é umidificada por secreções de glândulas. Mucosas, inclusive, estão na boca, no nariz, no intestino, em praticamente todas as cavidades.

As glândulas de Skene e de Bartholin são as responsáveis por essa lubrificação. Elas estão sempre produzindo secreção, que é liberada para o interior da vagina.

Assim, sendo revestida por mucosa e as glândulas produzindo líquido, a vagina mantém-se sempre úmida. Isso ocorre para que as mulheres não tenham incômodo no dia a dia e também para que consigam ter relação sexual de maneira confortável e prazerosa (imagina se a vagina fosse seca, como iria doer a penetração!). Além disso, as secreções vão constantemente renovando o interior da vagina. Quando uma nova quantidade de secreção é produzida, as velhas são expelidas, junto com bactérias e tecidos mortos. Isso serve para limpar e renovar o interior da vagina, evitando o acúmulo de sujeira dentro dela.

Isso tudo é a fisiologia e anatomia da vagina. É assim que ela precisa funcionar para que tudo seja naturalmente equilibrado.

A secreção vaginal tem um pH que varia entre 3,8 e 4,2. E ele tem que ser mantido assim para que as bactérias de defesa consigam se manter em harmonia e combater as bactérias patogênicas, as causadoras de corrimentos e maus odores.

Muitas mulheres se incomodam muito com corrimentos, coceiras e odores.

Então, afinal, o que são essas secreções e quais bactérias causam essas alterações?

Vou explicar.

Secreção fisiológica

Conforme explicado antes, a vagina produz secreções o tempo todo e que elas servem para renovar o conteúdo, equilibrar o pH e para manter a lubrificação da vagina.

Essa chamamos de secreção fisiológica. Ela é produzida pelas glândulas de Skene e de Bartholin e pelas células colunares do colo do útero.

Algumas mulheres produzem essa secreção em maior quantidade do que outras, também sem que isso signifique anormalidade. Ocorre que as células colunares do colo do útero dessas mulheres podem se apresentar em uma posição mais exteriorizada, e isso faz com que mais secreção saia para o interior da vagina. Além disso, as glândulas de Skene e de Bartholin podem, sim, ser mais ativas em alguns casos, e isso produz maior quantidade de secreção.

No geral, não causa incômodo. Ela é transparente, sem cheiro e não causa coceira nem vermelhidão. Como o próprio nome diz, ela é fisiológica, normal, sem alterações, não é causada por alguma bactéria ou por doenças, mas há mulheres que se incomodam com a grande quantidade de secreção produzida.

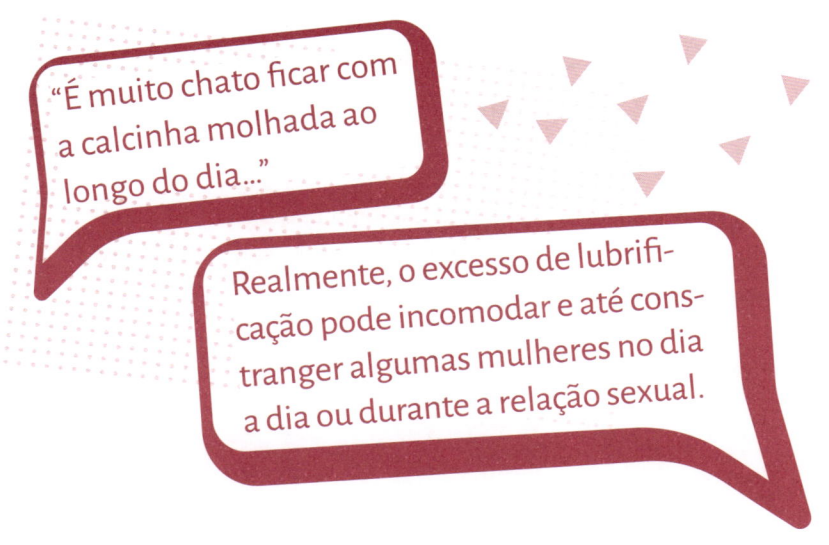

> "É muito chato ficar com a calcinha molhada ao longo do dia..."

> Realmente, o excesso de lubrificação pode incomodar e até constranger algumas mulheres no dia a dia ou durante a relação sexual.

O mais importante é saber que essa secreção não é patológica, então não há nada de errado se isso acontecer. Significará apenas que as glândulas estão produzindo mais secreção.

Secreção de ovulação

Mais ou menos no meio do ciclo menstrual acontece a ovulação. Como já vimos, se uma mulher tiver um ciclo regular de 28 dias, no décimo quarto dia ela estará no período fértil.

Nesse período, todo o seu corpo se prepara para uma gravidez. Até a vagina e o colo do útero colaboram para isso. O colo do útero se abre um pouco, a fim de facilitar a passagem dos espermatozoides para o seu interior; além disso, ele produz um muco mais gelatinoso e denso. Isso ocorre para alterar o pH da vagina, deixando-o menos ácido, para que então os espermatozoides sobrevivam melhor nesse meio. Esse muco é bem parecido com a secreção fisiológica: é transparente e inodoro, porém mais pegajoso. Ele tem o aspecto de clara de ovo, diferente da secreção dos demais períodos do ciclo.

Algumas mulheres usam essa secreção como parâmetro para saber se estão ovulando e no período fértil. Basta colocar um pouco dessa secreção nos dedos polegar e indicador de uma mesma mão e aproximar e afastar os dedos. Se a secreção tiver um aspecto bem pegajoso, então a secreção é de ovulação.

Sabendo disso, se você deseja engravidar, deve ter relação sexual no período em que esse muco estiver mais pegajoso. Em contrapartida, caso não queira, evite relações nesse período.

Todas as mulheres ficam com essa alteração na secreção vaginal no período fértil. Isso é normal do corpo feminino, não indica nenhuma doença ou anormalidade.

Secreção pastosa

Algumas mulheres apresentam uma secreção vaginal que não é líquida, mas pastosa, com aspecto de ricota ou leite talhado. É branca, sem odor e se apresenta em pequena ou grande quantidade. Pode vir ou não acompanhada de coceira intensa.

Essa secreção normalmente ocorre por conta da **cândida**, um fungo que causa a **candidíase**. Esse fungo adora crescer em locais escuros, quentes e úmidos, igual a sua piriquita. Assim, quanto mais escura, quente e úmida você a deixar, maiores serão as chances de você desenvolver a inflamação.

A candidíase não se dá apenas por contaminação sexual, o que permite dizer que meninas de pouca idade podem ter candidíase sem ao menos terem tido a primeira relação sexual.

Entretanto, quando não for esse o caso, o parceiro deve ser tratado junto com a mulher contaminada. Ocorre que nos homens a candidíase se instala, mas raramente provoca sintomas. Assim, se o tratamento for feito apenas pela mulher, o parceiro continuará transmitindo a candidíase, de forma que a mulher nunca se cure.

O importante é sempre se policiar em relação ao **"escuro, quente e úmido"**.

Secreção esbranquiçada

Uma secreção esbranquiçada e mais líquida ainda pode significar candidíase. Esse tipo de secreção não tem odor, mas provoca muita coceira na região íntima.

Se, além dessa secreção, existir forte odor, pode ser que a cândida esteja associada a uma bactéria, o que é comum e tratável.

Secreção amarelada

Secreção amarelada possui, no geral, consistência mais pegajosa e é acompanhada de odor ruim. Ela tem um aspecto que chamamos de purulento, que vem de pus. Sim, normalmente secreção com essas características contém pus.

Esses sintomas são comuns na infecção por *Chlamydia trachomatis*, cujo grau varia muito.

Mulheres infectadas por clamídia relatam ardência para urinar, dor durante a relação sexual e até dor no baixo ventre. Nesses casos, a infecção pode estar avançada e a mulher pode estar desenvolvendo uma Dipa **(doença inflamatória pélvica aguda)**. Isso significa que a *Chlamydia* subiu pelo trato geniturinário e já está agindo na pelve. Então a mulher pode ter febre, náuseas, vômitos e queda do estado geral.

Dependendo do grau da doença, a mulher precisa ficar internada e receber um tratamento de antibióticos na veia.

Se não tratada corretamente, a infecção por *C. trachomatis* pode, no futuro, provocar infertilidade na mulher, uma vez que essa bactéria pode subir pelo útero e atingir as tubas uterinas. Lá elas formam "traves" que impedem a acesso dos espermatozoides até o óvulo.

O parceiro também deve ser tratado, pois ele pode reinfectar a mulher, mesmo após ela fazer o tratamento.

Secreção esverdeada

Considere uma secreção levemente esverdeada misturada com amarelo. Não é aquele verde-escuro como a folha de couve.

Esse tipo de secreção possui um odor desagradável, vem acompanhada de coceira moderada (mais fraca do que a da candidíase) e leve ardência.

Esses sintomas falam muito a favor de uma infecção vaginal chamada **tricomoníase**. Os sintomas são simultaneamente na vulva e na vagina, ou seja, por dentro e por fora, por isso são chamadas de **vulvovaginites**.

O *Trichomonas vaginalis* é um parasita sexualmente transmissível que coloniza tanto a vagina como a uretra, causando microlesões nessas regiões, e isso gera todos esses sintomas.

Secreção acinzentada

Uma secreção cinza, geralmente com bolhas e o principal sintoma, o mau cheiro, que está descrito nos livros de ginecologia como odor de peixe podre, são características comuns da secreção causada por *Gardnerella vaginalis*. E por mais que tais características sejam tão acentuadas, a *G. vaginalis* é uma bactéria natural da flora vaginal normal, ou seja, todas as mulheres têm *G. vaginalis* em seu organismo.

Acontece que quando existe um **desequilíbrio no pH e nas células de defesa**, as bactérias patógenas como a *G. vaginalis* se sobressaem e proliferam, gerando o corrimento característico.

Geralmente o odor dessa secreção é muito forte, e isso incomoda demais a mulher.

Secreção rosada

E quando a secreção é rosa, sem cheiro, e não causa ardência nem coceira? Essa é muito simples, e você não vai mais se esquecer: como você faz tinta rosa? Basta misturar o branco com o vermelho, certo?

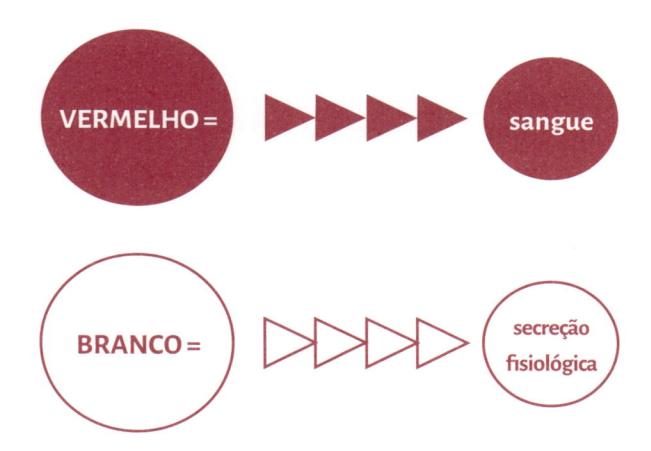

VERMELHO = ▶▶▶▶ sangue

BRANCO = ▷▷▷▷ secreção fisiológica

Logo, se um pouquinho de sangue vivo entrar em contato com a secreção da vagina, a mulher terá uma "secreção fisiológica vaginal rosada".

Essa secreção é muito comum na nidação, quando a mulher tem um pequeno sangramento no momento em que o óvulo fecundado pelo espermatozoide entra na parede do útero. Esse é um dos principais sintomas de início de gravidez, e o pequeno sangramento pode causar essa secreção rosa.

Outros pequenos sangramentos podem ser resultado de lesões no colo do útero, feridas de fricção ou pós-coito, escapes de menstruação etc.

Sempre que existir um pequeno sangramento, haverá também um corrimento rosado.

Secreção amarronzada

Assim como na secreção rosada, a de cor marrom também é causada por sangramento de alguma origem.

Porém, é um sangue "velho", ou seja, não é um sangramento que está ativo, mas um que já parou, ou um sangue ficou dentro da vagina e coagulou, o que o torna escuro. Quando se junta com a secreção vaginal, ele sai misturado em forma de secreção amarronzada. Geralmente ocorre por lesões mais antigas do colo do útero ou por resto de menstruação.

Além disso, existe também a bactéria *Neisseria gonorrhoeae*, que é sexualmente transmissível e costuma causar a **gonorreia**, doença com corrimento de cor marrom.

Eventualmente, essa bactéria se dissemina pela corrente sanguínea, agride as grandes articulações ou causa feridas na pele. Ela pode também ser transmitida da mãe para o bebê no parto. A prática de sexo oral e de sexo anal pode levá-la para a região orofaringe e anal, resultando em alterações da voz e obstrução do canal anal, respectivamente.

A *N. gonorrhoeae* costuma colonizar a uretra, gerando sintomas como ardência para urinar por conta de inflamação intensa.

Nos homens, em geral, a **uretrite gonocócica** provoca sintomas mais aparentes (secreção purulenta, ardor, eritema), mas, nas mulheres, pode ser assintomática.

Secreção na gravidez

É muito comum gestantes se queixarem de aumento da secreção vaginal normal, e algumas acham que é infecção bacteriana.

Na verdade, isso é uma resposta fisiológica: o fluxo vaginal aumenta e sua consistência também muda – ele fica menos transparente e mais empelotado. Tudo isso ocorre por causa da mudança do pH, que fica menos ácido e mais básico.

O importante é a gestante saber que, caso a secreção tenha odor ou cor diferente e haja coceira, ela deve informar seu médico obstetra ou ir ao pronto-socorro, uma vez que infecções vaginais durante a gravidez podem causar trabalho de parto prematuro ou rompimento da bolsa antecipado.

No final da gravidez é comum a saída de uma secreção gelatinosa, bastante densa e pegajosa. Trata-se do **tampão mucoso**. O tampão é uma gosma que protege a entrada do orifício externo do colo do útero. Ele evita que infecções mais graves e outras bactérias colonizem o interior do útero.

A saída do tampão não quer dizer que a bolsa rompeu nem que a mulher está entrando em trabalho de parto, mas pode indicar que ele está próximo.

Pois é. A vagina é realmente muito complexa, e muitas coisas ocorrem dentro dela. O importante é a mulher conhecer seu corpo, entender como ele funciona normalmente, para assim conseguir identificar o que está errado.

CAPÍTULO 6

Saúde íntima: dúvidas que você não pode levar para a cama

Pronto, chegou o momento do tabu!

Durante muito tempo a sexualidade era tida como um "baixo instinto animal", algo que deveria ser combatido e controlado. Em algumas religiões, a abstinência é tida como virtude e enxergam o sexo como um "mal necessário" que somente deve ocorrer para a procriação. Ou seja, o ato sexual foi e ainda é visto como um pecado por muitos.

Ainda bem que isso tem mudado bastante, e atualmente podemos falar sobre sexo com um pouco mais de liberdade.

Mas, vamos falar de saúde íntima e todas as alterações orgânicas que podem causar algum tipo de disfunção sexual.

> "Nossa, doutor! "Disfunção sexual"? Que nome estranho!"

Disfunção significa funcionamento anormal ou prejudicado. Ou seja, um distúrbio na função de alguma coisa, uma disfunção.

Se o sexo em si não está funcionando direito, teremos aí uma disfunção sexual!

A Organização Mundial da Saúde (OMS) diz que existe **disfunção sexual** quando um indivíduo é incapaz de participar do ato sexual com satisfação, se desconfortável, indesejável ou incontrolável. Isso pode ser persistente ou recorrente. Diferente da menstruação, por exemplo, que é possível quantificar o número de dias e o volume de sangue para definir se ela está muita ou pouca, regular ou irregular, e assim saber que temos uma alteração. O sexo é muito relativo! Não é possível quantificar a vontade sexual, não existe um parâmetro, um marcador ou um número que seja a medida de quanta libido uma pessoa tem.

Aliás, "libido". Você conhece essa palavra?

Libido é um substantivo feminino com origem no latim *libido* e que é usado para descrever o "desejo ou impulso sexual de um homem ou uma mulher".

No âmbito da psicologia, a libido é fundamental para entender o comportamento humano, porque o condiciona e é vista como a energia que direciona ao sexo.

Como não está ligada exclusivamente aos órgãos genitais, a libido pode ser direcionada em relação a uma pessoa, a um objeto, ao próprio corpo ou a uma atividade intelectual.

Se não é possível quantificar o desejo, então como se faz o diagnóstico de uma alteração na libido?

Esse ponto é muito delicado: o que pode ser pouca libido para você pode ser muita para outra pessoa! Ter relações três vezes na semana pode ser muito para um casal e pouco para outro!

Mas lembra que você deve conhecer o certo para saber o que está errado? Então vamos entender um pouquinho de fisiologia sexual.

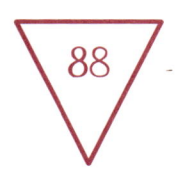

O sexo normal

A função sexual ocorre por conta de neurotransmissores, ou seja, mais uma vez a história começa no cérebro. Mas também entram em cena fatores ambientais e relacionais para iniciar o ciclo de resposta sexual. Ou seja, a mulher está em local confortável? Ela se sente à vontade com o parceiro?

Esse ciclo é composto por quatro fases: desejo, excitação, orgasmo e resolução.

O **desejo** pode se iniciar com algo que a pessoa viu, sentiu ou pensou. Por exemplo, assistir a um filme que desperta o desejo ou sentir um perfume ou pensar em alguma situação que gera uma memória sexual e consequentemente uma resposta na libido é o primeiro passo do ciclo.

A **excitação** ocorre por conta de uma resposta do sistema nervoso central que resulta em um aumento do fluxo sanguíneo para a genitália. Isso levará à ereção peniana nos homens e à lubrificação nas mulheres.

No ato sexual ou coito, o estímulo frequente dos órgãos genitais sensibiliza os receptores nervosos; isso faz com que os neurotransmissores mandem impulsos clônicos para os músculos da vagina e do períneo, e há ereção e turgidez dos mamilos, rubor facial por conta da vasodilatação, piloereção, miotonia generalizada, sudorese e dilatação das pupilas. Sim, isso tudo é o **orgasmo**. Aposto que você não sabia!

Então vem a fase de **resolução**: ocorre um aumento na produção de endorfinas, que propiciam a sensação de bem-estar e relaxamento, desaceleração da frequência cardíaca e respiratória e normalização da pressão arterial e da temperatura.

Esse é o ciclo sexual! Esse monte de coisas está envolvido em todo o processo do coito.

Vamos ver agora as principais alterações de ordem sexual que pode acontecer com as mulheres.

Alterações sexuais femininas

DESEJO SEXUAL HIPOATIVO (FALTA DE LIBIDO)

Segundo pesquisas, quase 80% das mulheres referem algum tipo de problema relativo ao sexo, desde dor até falta de atração pelo parceiro.

A **falta de libido** atinge de 15% a 35% de todas as mulheres. Ela deve ser diferenciada da anorgasmia, da qual falarei mais adiante, e as causas podem ser:

▼ **Estresse:** seja no trabalho ou em casa, a sua vida cotidiana reflete muito na cama.

▼ **Uso de substâncias:** cigarro, álcool e algumas pílulas podem diminuir a libido.

▼ **Doenças:** doenças vasculares podem atrapalhar a sensibilidade da mulher ao toque. Além disso, algumas alterações hormonais, como o hipotireoidismo, diminuem o apetite sexual.

▼ **Falta de atração:** muito comum em mulheres que estão em conflito nos relacionamentos.

▼ **Alterações vaginais:** flacidez, ressecamento ou cicatrizes.

▼ **Traumas:** resultados de história de violência sexual ou alguma experiência sexual ruim.

▼ **Autoestima:** mulheres que não estão bem com seu corpo ou que não se sentem confortáveis.

Às vezes o casal pode achar que a falta de libido é por falta de afinidade ou até mesmo de amor. Mas como visto acima, existem diversas causas para a falta de vontade de fazer sexo, desde uma causa orgânica até psicológica. O problema deve ser investigado e tratado como uma doença. O importante é haver conversa entre o casal, para que percebam o que está acontecendo e, juntos, procurem ajuda.

E aí, mais uma vez esbarramos naquela velha história do tabu, de a mulher reprimida pelo marido ou por ela mesma não poder manifestar suas vontades no âmbito sexual por medo ou receio de ser considerada mulher "da vida". Quando isso acontece e a mulher não busca ajuda, não há o que fazer!

Um elemento muito importante nisso tudo é o parceiro. Ele precisa saber que as mulheres são diferentes dos homens, que elas precisam de muito mais que toque ou penetração para chegar lá. A mulher precisa ser elogiada, cortejada e seduzida para se excitar... A mulher é mais sensitiva e auditiva e menos visual (por essa razão não ligam tanto para pornografia), ao contrário do homem. São diferentes áreas do cérebro que estimulam o desejo nos homens e nas mulheres.

Anorgasmia

Anorgasmia é diferente de falta de libido. Aqui, a mulher tem apetite sexual considerado normal, porém não consegue atingir o orgasmo.

Isso é muito comum e nem sempre existe um motivo. Algumas mulheres simplesmente não conseguem relaxar, outras não são bem estimuladas pelos parceiros.

Mas, diferentemente dos homens, as mulheres não precisam do orgasmo para ter uma relação sexual satisfatória.

Ressecamento vaginal

Como vimos, a lubrificação vaginal ocorre graças a duas glândulas, a de Bartholin e a de Skene, que secretam o muco que te deixa úmida.

Ao contrário do que a maioria das pessoas pensa, pouca lubrificação na vagina não acontece apenas em idades mais avançadas. Mulheres de 20 anos de idade podem experimentar essa condição, e as causas podem ser:

- ▼ **psicológica:** traumas, falta de vontade de ter relação, sensação de obrigação para ter relação, depressão, ansiedade e transtornos psicológicos no geral;
- ▼ **pouco estímulo:** mulheres precisam muito de estímulos como sexo oral, beijos e carícias para se excitarem. Se o parceiro quiser penetrar sem a companheira estar excitada, a penetração será dolorosa pela falta de lubrificação;
- ▼ **hormonal:** alguns hormônios podem estar em baixa. A testosterona e o estrógeno, por exemplo, podem levar a diminuição da libido na mulher, e, portanto, a uma lubrificação vaginal diminuída;
- ▼ **menopausa:** na menopausa a mucosa da vagina se torna atrofiada, e as glândulas param de secretar muco necessário para a lubrificação;
- ▼ **diabetes:** diabetes causa impotência nos homens e, pelo mesmo motivo, falta de lubrificação nas mulheres. O motivo é a degeneração dos nervos periféricos;
- ▼ **transtornos da tireoide:** doenças como o hipotireoidismo podem causar diminuição da vontade sexual. E mulher sem libido não consegue ter uma lubrificação vaginal adequada;
- ▼ **tabagismo:** o tabagismo causa muitos problemas vasculares, inclusive na vascularização periférica (até da genitália), diminuindo a sensibilidade do local e, consequentemente, a lubrificação.

Vaginismo

O **vaginismo** é uma condição na qual a mulher não consegue realizar o ato sexual ou, quando consegue, sente muita dor.

Isso ocorre por causa de contrações involuntárias da musculatura pélvica, principalmente nos músculos da vagina, quando a mulher possui algum tipo de repulsa ao sexo.

As causas são as mais diversas, mas normalmente são psicológicas, ou seja, mulheres que sofreram algum tipo de trauma no passado podem desenvolver o vaginismo.

Imagine, por exemplo, uma menina que cresceu com uma educação muito rígida e foi levada a crer que o sexo é algo ruim: "Menina, cuidado com os homens! Eles só querem seu mau.", "Não vai transar por aí! Vai pegar alguma doença e morrer." Ou mulheres que sofreram algum tipo de abuso sexual na infância ou mesmo na vida adulta. Ou ainda mulheres que passaram por experiências ruins em relacionamentos anteriores, como traição ou algum tipo de situação embaraçosa na hora do sexo. Ou apenas mulheres que sofrem com transtorno de ansiedade generalizada: ficam muito nervosas na hora do sexo, com medo de alguma coisa dar errado na hora H.

Enfim, tudo que leve a mulher a acreditar que o sexo é ruim pode culminar em uma situação de estresse, e isso levará a uma repulsa sexual. Ela ficará tensa, nervosa, ansiosa e, mesmo sem querer, irá contrair os músculos da vagina, de maneira que não consiga ter penetração, ou, se tiver, ela será muito dolorosa!

Existem vários níveis de vaginismo. Em alguns casos, a mulher não suporta nem o toque na região das pernas ou da virilha – qualquer lugar próximo da vulva. Mas existem vários tipos de tratamentos também, sendo o acompanhamento psicológico primordial para entender a raiz do problema.

Dispareunia

Dispareunia é a dor, propriamente dita, na relação sexual. Ela é classificada em dispareunia superficial, quando a mulher sente dor quando o pênis entra na vagina e dispareunia de profundidade, quando a dor acontece quando o pênis bate no colo do útero.

Sexo é pra ser bom. Então por que algumas mulheres sentem dor? As causas podem ser:

- vulvodínia (irritação crônica na vulva);
- doença inflamatória pélvica (DIP);
- infecção do trato urinário;
- tumores genitais como câncer vulvar;
- tumores ovarianos;
- cistite intersticial;
- trauma pós-parto;
- infecções por fungos ou bactérias;
- doenças sexualmente transmissíveis (DST).

Compulsão sexual

Muitas mulheres me perguntam: "Doutor, eu adoro sexo! Dou o maior trabalho pro meu marido, ele não aguenta mais e fala que eu só penso nisso. Será que sou ninfomaníaca?".

Bem, basicamente, compulsão sexual é um transtorno.

Eu sempre falo como é importante e bom a mulher ter uma boa libido e uma boa vida sexual. Querer transar todo dia não é ruim. Querer namorar mais e mais o seu parceiro é ótimo! Ter fantasias, fetiches e pensamentos eróticos é algo natural e saudável!

O que ocorre é que foi colocado na cabeça da mulher que o homem sempre vai ter mais libido que ela. Logo, se ela perceber que está tendo mais vontade que o parceiro, vai achar que algo está errado!

Mas não! Você pode, sim, ter uma vontade sexual maior sem que isso seja um problema.

Mas, então, o que é ser ninfomaníaca afinal?

Na psiquiatria, alguns distúrbios são vistos como patológicos quando atrapalham as atividades cotidianas ou comprometem a vida em sociedade. É o caso de que tem compulsão sexual.

Por exemplo: se você gosta muito de sexo, mas isso não atrapalha o seu dia a dia – você consegue trabalhar normalmente, consegue fazer suas atividades e não tem atividades sexuais que te causam arrependimento frequentemente –, você não é ninfomaníaca. Mas caso não tenha controle sobre seus impulsos sexuais – você pensa tanto em sexo que não consegue trabalhar, deixa de cumprir com as obrigações diárias por conta de atividade sexual, frequentemente tem atividades sexuais que te causam constrangimento e arrependimento e, o principal, se acha que precisa de ajuda –, aí sim, deve procurar um profissional, pois você pode ter compulsão sexual.

Sim, saúde sexual é algo importante, que deve ser debatido e todos devem receber orientação. Se você acha que necessita de ajuda, procure seu médico.

Vou dar agora algumas dicas preciosas que com certeza vão melhorar sua vida sexual!

Dicas do doutor

- ✓ **Conheça seu corpo.** Seu toque é excelente para o autoconhecimento. Se você não sabe onde gosta de ser tocada, seu parceiro muito menos.
- ✓ **Converse com seu parceiro.** Se algo não a faz se sentir bem, ou se você não gosta de certas posições, converse com ele. O diálogo é essencial.
- ✓ **Sinta-se bonita.** Perfume novo, lingerie diferente... Sentir-se bem aumenta o seu prazer.
- ✓ **Experimente outras posições.** Algumas posições são perfeitas para que o ângulo de entrada do pênis alcance o ponto G.
- ✓ **Saia do básico.** A rotina cansa homens e mulheres. Mudar um pouco ajuda.

- ✓ **Invistam nas preliminares.** Todo o preparo, a troca de carícias, os beijos são fundamentais para a mulher. Para algumas, a penetração é secundária.
- ✓ **BÔNUS: Você sabe onde fica o ponto G?** É uma saliência rugosa localizada logo abaixo do osso do púbis, na parede anterior da vagina, de aproximadamente 5 cm de profundidade. A denominação ponto G é em homenagem ao ginecologista alemão Ernst Gräfenberg. Essa área erógena da vagina, quando estimulada, pode conduzir a elevados níveis de excitação sexual.

CAPÍTULO 7

Doenças sexualmente transmissíveis (DST)

Sexo é bom e todo mundo gosta. Não há problema algum em sentir ou dar prazer; pelo contrário, boa libido é sinal de saúde.

Porém, uma atividade tão boa e saudável pode, sim, trazer riscos muito graves à sua saúde. Afinal, trocar fluidos corporais (como sêmen, sangue e outras secreções) com alguém pode ser muito perigoso.

Boa parte dos causadores das doenças estão nas nossas secreções corporais, principalmente os vírus. Isso nos faz pensar muito bem antes de ter relação com alguém sem preservativo.

Antes de falar de cada DST em específico, vamos aos cuidados básicos e riscos de transmissão nas diferentes práticas sexuais.

Riscos no sexo oral

Vamos começar com o sexo oral, pois muitos acreditam que ele não causa risco algum.

Com certeza ele é a prática que menos tem chance de contaminação, por conta do tipo de mucosa da boca. Mas existem alguns fatores que podem aumentar o risco.

LESÕES NA MUCOSA DA BOCA

Uma ferida aberta é uma porta de entrada. Por mais que a mucosa da boca não absorva tanto os vírus, se houver uma afta, ou corte na boca, essa região irá trazer um contato direto dos vírus que o parceiro pode te passar com o seu sangue. Além das aftas, obturações e pequenas inflamações podem também aumentar o risco.

Portanto, verifique sempre se existem lesões na mucosa da sua boca.

LESÕES NA GLANDE

O principal local de surgimento das lesões do homem é na ponta (cabeça) do pênis.

Caso o parceiro tenha uma lesão ativa (visível a olho nu), ela terá grandes chances de ser mais transmissível via oral. Mesmo se não for visível, ela ainda poderá contaminar. Então todo cuidado é pouco.

Lesões incluem feridas, cortes, verrugas, condilomas...Ou seja, tudo que fuja do comum.

Portanto, verifique sempre se o parceiro possui lesões na glande.

EJACULAÇÃO

Secreções transmitem DST. O pênis não produz secreções como as da vagina. Mas a ejaculação nada mais é do que uma secreção. Por isso o ato de engolir o sêmen do parceiro pode aumentar o risco de transmissão de doenças no sexo oral.

Portanto, cuidado com a ejaculação.

Viram como o sexo oral não é uma prática tão isenta de riscos assim?

Riscos no sexo vaginal

O sexo vaginal com certeza é o mais praticado. E nesse caso a mulher tem mais riscos de ser contaminada do que de contaminar.

Isso acontece porque a mucosa da vagina absorve o vírus muito mais do que a pele do pênis ou a glande do parceiro. A superfície de contato é muito maior; e quanto mais contato, mais risco. Quanto mais mucosa, mais chance de contaminação.

Por conta disso as mulheres estão muito mais sujeitas ao HPV, por exemplo.

Ou seja, é muito mais fácil você pegar o vírus do seu parceiro do que passar para ele.

Sim, s mulheres devem se prevenir mais do que os homens!

Riscos no sexo anal

Estamos agora diante da via sexual mais arriscada de TODAS as práticas sexuais.

Por conta do sangramento e da absorção da mucosa dessa região, uma doença pode ser mais facilmente contraída no sexo anal do que em uma relação de sexo oral por exemplo.

E mais uma vez a mulher está mais sujeita a riscos.

No sexo anal receptivo (quem recebe o pênis), as chances de contaminação são muito maiores do que no sexo insertivo (quem insere o pênis).

Mas, de qualquer maneira, como você pode notar, toda relação sexual desprotegida tem seus riscos.

Riscos na relação entre mulheres

Muito se fala nos homens homossexuais estarem mais sujeitos à contaminação por HIV por conta da prática sexual de risco. Mas pouco é dito sobre os riscos que o sexo entre mulheres traz.

Hoje em dia tem sido cada vez mais comum as mulheres experimentarem relações homoafetivas, seja por prazer próprio, por curiosidade ou até mesmo nas relações chamadas de *ménage*.

O mais importante nesse tipo de relação é saber que ela não está isenta de riscos.

O HPV, por exemplo, pode ser contraído entre mulheres que trocam secreções vaginais.

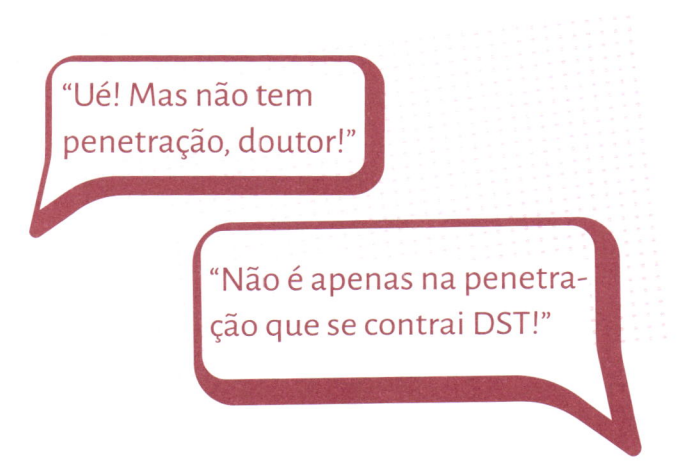

> "Ué! Mas não tem penetração, doutor!"

> "Não é apenas na penetração que se contrai DST!"

Outra relação que não está isenta de riscos é o sexo oral entre mulheres, principalmente se houver alguma lesão como cortes, aftas ou obturações na boca de quem faz.

Outro cuidado também muito importante na relação entre mulheres é o compartilhamento de brinquedos sexuais. De nada adianta você se proteger e usar um aparato de outra pessoa que está contaminado com as secreções dela.

O mesmo vale para relações anais e vaginais no uso de "cintas".

Passar de uma penetração anal para uma vaginal sem a higiene adequada pode, sim, levar bactérias como a *Escherichia coli* para a vulva, alterando o pH e facilitando o surgimento de doenças como a candidíase.

E lembre-se de que a sua vagina tem um pH adequado para ela e células de defesa próprias do seu organismo, além, é claro, de um tipo específico de bactérias. Ao fazer a posição sexual de "tesoura", o contato das suas secreções com as secreções de outra mulher irá alterar muito o pH da sua vagina, além de trazer novas bactérias para essa região, algumas desconhecidas pelas suas células de defesa. Pronto! Tudo o que você precisava para ter corrimentos.

Por isso, cuide-se em todos os tipos de relação.

Agora vou explicar um pouco sobre as principais DST. Como elas se comportam e quais os riscos de contaminação. Vamos lá!

HPV

Provavelmente você conhece alguém que tem, e a pessoa se acabou de chorar, querendo matar quem transmitiu aquela doença para ela.

Antes de achar que é o fim do mundo, entenda um pouco sobre ela.

O papilomavírus humano, o HPV, é um vírus que possui sua principal transmissão por via sexual e coloniza a pele e as mucosas (do pênis, da vagina, do ânus, da boca e do colo do útero por exemplo).

Esse vírus, responsável por 99% de todos os casos de câncer de colo de útero, é mais comum do que se imagina. Estima-se que no Brasil 2 milhões de novos casos de HPV sejam registrados todos os anos!

Sim, ele é altamente transmissível, ou seja, é muito fácil contraí-lo.

A grande maioria das infecções por HPV não apresenta sintomas; a mulher apenas descobre no exame de rotina com o ginecologista.

Quando há sintoma, o principal é a verruga genital, que pode estar na vulva, no períneo, no ânus e em outras áreas. As verrugas genitais podem ser cauterizadas com *laser* ou ácido. Porém sempre existem chances de as lesões aparecerem novamente, com necessidade de novas cauterizações.

"Fiz um exame e descobri que tenho HPV. E agora, doutor?"

Entenda uma coisa: ter HPV não é sinônimo de ter câncer de colo do útero!

O HPV se comporta de cinco maneiras:

▼ Ele pode contaminar, em seguida sumir do organismo sem causar lesões. Cura espontânea.

▼ Ele pode não sumir espontaneamente, mas ficar no organismo sem causar lesões no colo do útero.

▼ Ele pode fazer uma lesão no colo do útero, e essa lesão sumir sozinha, sem virar algo maligno.

▼ Ele pode fazer uma lesão no colo do útero, e essa lesão não regredir, mas também não progredir para algo grave. Ou seja, ela ficar lá sem causar grandes problemas.

▼ Ele pode fazer uma lesão no colo do útero, e essa lesão progredir para algo mais grave como uma neoplasia de colo do útero.

Então, antes de se desesperar por ter HPV, saiba que o problema não é ter o vírus, mas ter uma lesão no colo do útero e não fazer o diagnóstico.

Ainda não há cura para esse vírus, o significa que nenhum remédio vai tirá-lo do organismo.

Mas há controle. Sabe o **papanicolau**? Aquele exame que deve ser feito todo ano? Ele é o seu maior aliado na prevenção contra os riscos do HPV.

O papanicolau é colhido no consultório. Com auxílio de uma pequena escova e um palito de madeira, o médico ou enfermeira retiraram fragmentos do orifício do colo do útero. É lá onde o HPV começa a fazer as primeiras lesões. Ou seja, se tiver alguma alteração, é lá onde ela começa. O material colhido é mandado para a análise microscópica e o laudo é avaliado pelo médico.

É recomendado para todas as mulheres sexualmente ativas há um ano fazer esse exame anualmente. Se em dois anos consecutivos os resultados forem negativos, pode-se repetir o exame a cada três anos.

"Ok, doutor. E se o papanicolau identificar uma lesão? Posso começar a chorar?"

Calma! Existem várias lesões que o papanicolau identifica. Ele é um exame muito sensível e pouco específico.

O que isso significa?

Que ele se altera por qualquer coisa. Ele vai mostrar uma alteração mesmo que mínima.

Sabe aquele cachorro que protege a casa e late por qualquer pessoa que passa na rua? Ele late paro o carteiro, você vai olhar, e não é assalto. Ele late para os vizinhos, você vai olhar, e não é assalto. Um dia vai ser assalto. Ele vai latir, e você chama a polícia! Esse é o papanicolau. Ele pode mostrar uma lesão sem importância ou então uma lesão mais séria, de algo maligno. Ou seja, nunca subestime esse exame.

As alterações apontadas pelo papanicolau são:

- ▼ Ascus. Alteração de significado indeterminado. Um novo papanicolau deve ser feito em um período de seis meses.
- ▼ ASC-H. Não se pode excluir malignidade. Uma colposcopia deve ser realizada. Se resultado for normal, deve-se fazer um novo papanicolau em seis meses.
- ▼ AGC. Atipia de células glandulares. Uma colposcopia deve ser realizada. Se o resultado da colposcopia for normal, deve-se realizar um novo papanicolau.
- ▼ LISL. Lesão intraepitelial de baixo grau.
- ▼ HISL. Lesão intraepitelial de alto grau.

E essa tal de **colposcopia**? Como é feita?

Com o auxílio de uma lupa, o médico avalia as lesões na vulva e no colo do útero. Então é colocado um líquido que mostra onde há lesão. Caso ache necessário, o médico retira um fragmento do colo do útero, envia para biópsia e o resultado mostrará o risco que a lesão tem.

Existe também um exame chamado **captura híbrida**, que mostra se a mulher teve o contato com o vírus, e mostra os subtipos. Alguns subtipos têm mais chance de serem malignos do que outros.

Lembra que eu disse que não existe tratamento? A boa notícia é que as evoluções na biomedicina permitiram a criação de uma vacina para a prevenção do HPV. O ideal é que se vacinem as meninas entre 9 e 13 anos de idade. Atualmente também é possível vacinar meninos de 12 a 13 anos.

A camisinha ainda é um ótimo meio de prevenção, inclusive no sexo oral, uma vez que o vírus pode colonizar as mucosas da boca e da garganta.

Porém, nem mesmo a camisinha protege 100% do HPV, uma vez que o contato da pele dos testículos com a secreção vaginal também pode transmitir o vírus.

> *****INFORMAÇÃO BÔNUS**: Pode-se pesquisar HPV nos homens através de um exame chamado peniscopia, muito parecido com a colposcopia!

Herpes

Estima-se que 90% da população esteja contaminada pelo vírus *Herpes simplex 1 (HSV)*.

Você deve estar pensando: "Uau! Como ele é facilmente contagioso!!". Sim, é muito contagioso. Beijo, gotículas de saliva, objetos contaminados, sexo oral, contato com secreções... Logo, o primeiro contato com o herpes pode ser muito, muito cedo, inclusive na infância!

"Mas então porque a gente não vê todo mundo por aí com aquelas feridas de herpes na boca?"

Porque o herpes tem uma fase latente, ou seja, a pessoa pode ter o vírus instalado no seu organismo, mas não ter os sintomas. Porém, na primeira oportunidade que sua imunidade cair, a lesão irá aparecer. Seja por estresse, cansaço, uso de antibióticos, outras infecções... Existem vários motivos para os sintomas surgirem. O vírus fica alojado em um gânglio;

quando a imunidade do organismo cai, ele refaz o caminho até a pele, lá encontra uma ferida e, pronto, começam os sintomas.

Existe o tipo 2 também. Ele é responsável pelas lesões na vulva, no ânus e no pênis. É o tipo sexualmente transmissível.

SINAIS E SINTOMAS

- ▼ Formigamento na pele
- ▼ Coceira
- ▼ Ardor
- ▼ Dor
- ▼ Vermelhidão
- ▼ Bolhas
- ▼ Feridas

FATORES DE RISCO PARA A ECLOSÃO DAS FERIDAS

- ▼ Exposição ao sol
- ▼ Alterações hormonais, como as do período menstrual
- ▼ Infecções, como gripes e resfriados
- ▼ Consumo de itens ricos no aminoácido arginina, entre elas nozes, amêndoas e chocolates
- ▼ Estresse

A transmissão apenas é feita enquanto os sintomas estão ativos.

Muitos acham que porque têm herpes labial não podem beijar outra pessoa na boca. Na verdade, deve-se evitar esse contato enquanto a ferida estiver aparente. Deve-se evitar também o compartilhamento de copos, talheres e maquiagens, visto que se trata de um vírus altamente contagioso.

Sífilis

A **sífilis** é uma infecção bacteriana transmitida pela via sexual ou feto-placentária, ou seja, uma mãe contaminada pode passar sífilis para seu bebê.

Estima-se que, por ano, sejam registrados 150 mil novos casos de sífilis.

A evolução da doença é lenta. Começa com uma ferida indolor na boca, nos genitais ou no ânus. Essa é a primeira fase.

Após a cura espontânea da lesão, começam sintomas de irritação e erupção cutânea. Esse é o estágio dois.

Depois, podem passar 3 a 15 anos para chegar no terceiro estágio, que afetará órgãos internos, nervos, cérebro, olhos e coração.

Por isso toda lesão suspeita deve ser investigada e tratada por um médico.

É muito comum a mulher ver a lesão inicial e achar que não é nada ou ficar com vergonha de procurar um médico. Com o desaparecimento espontâneo do ferimento, ela fica até feliz, porém, a longo prazo, os sintomas são muito piores.

O tratamento é simples e rápido. O mais importante é saber que existe cura.

Aids

Importante: A primeira dúvida que deve ser esclarecida é que a Aids é doença, e o HIV é o vírus. Ou seja, a Aids é uma doença infecciosa causada pelo vírus do HIV. Um indivíduo portador de HIV não necessariamente desenvolverá a Aids.

Entre todas as DST possíveis de se contrair, existe uma que, com certeza, é a mais temida, a Aids.

Apesar de ser uma doença de fácil diagnóstico, fácil prevenção, de ter tratamento gratuito pelo SUS e da evolução de seus medicamentos, a maioria das pessoas sexualmente ativas, principalmente aquelas com múltiplos parceiros, já teve medo ou receio de ter contraído a doença em algum momento de descuido na hora da relação.

Os mitos, os preconceitos e a falta de informação são os responsáveis por essa ser a DST mais temida.

Precisamos esclarecer alguns pontos.

▼ O fato de ter relação desprotegida com alguém sabidamente soropositivo não implica dizer que você vai contrair a doença.

▼ A carga viral, o CD4, a via sexual, possuir outras DST, lesões ativas... A soma de tudo isso indicará o risco de contágio (e mesmo assim nunca é 100%).

▼ Não existe um perfil típico de provável contágio do vírus do HIV. A doença está distribuída em todos os níveis sociais, faixas etárias e orientações sexuais.

▼ Beijo, abraço e aperto de mão não transmitem a Aids.

Dito isso, vamos falar de como ocorre o contágio.

Existe um estudo que categorizou todas as vias sexuais e calculou o risco de contágio por relação desprotegida em cada uma delas. Veja:

▼ Beijo na boca: 0% (se não houver lesões na boca)
▼ Sexo oral insertivo: 0,04%
▼ Sexo oral receptivo: 0,1%
▼ Sexo vaginal insertivo: 0,30%
▼ Sexo vaginal receptivo: 0,38%
▼ Sexo anal insertivo: 0,62%
▼ Sexo anal receptivo: 0,82% a 3,23%
▼ Compartilhamento de seringas: 2,4%
▼ Transfusão sanguínea: 92,5%

Observe que, em todas as vias, quem recebe o pênis (no caso, a mulher) tem maior chance de contrair do que quem o insere (homem).

Observe também que mesmo se receber uma transfusão sanguínea de um soropositivo, o risco de contágio não é 100%.

Lembrando que essa porcentagem é calculada de acordo com o número de exposições, ou seja, quanto mais relações desprotegidas, maiores as chances de contágio.

INCIDÊNCIA NA POPULAÇÃO

Em 2015, o Programa Conjunto das Nações Unidas sobre HIV/Aids (Unaids) fez um levantamento estatístico no Brasil e publicou os seguintes dados:

- ▼ Havia 830 mil pessoas vivendo com o vírus do HIV.
- ▼ 44 mil novas infecções.
- ▼ Prevalência de 0,4% a 0,7% nas pessoas entre 15 e 49 anos de idade.
- ▼ 10% de soropositivos não possuíam o diagnóstico.
- ▼ O HIV aumentou entre os jovens. Nos últimos dez anos esse número triplicou na população de 15 a 19 anos e dobrou na população de 20 a 24 anos.
- ▼ A região Sudeste do país possui a maior porcentagem de soropositivos.
- ▼ Há mais mulheres infectadas no Brasil do que homens.
- ▼ Os números de novos casos em heterossexuais estão superando os de homossexuais.

A IMPORTÂNCIA DO TRATAMENTO

Se uma pessoa com diagnóstico de Aids realizar o tratamento de maneira correta, poderá viver normalmente por muitos anos e não necessariamente morrerá de alguma causa relacionada ao vírus do HIV.

Outro fato importante é que, ao manter um tratamento adequado, a carga viral poderá diminuir até se tornar indetectável. Logo, os riscos de transmissão para outras pessoas diminuem expressivamente.

E para quem teve contato com pessoas de carga viral positiva ou desconhecida? Existe a profilaxia, em que a pessoa será submetida a exames, fará uso de alguns remédios e será acompanhada por um médico. Essa profilaxia diminui em 90% o risco de contágio.

> "Ok, doutor. O senhor falou muito, mas a qual conclusão podemos chegar com tudo isso?"

▼ O uso do preservativo é obrigatório para as relações sexuais, principalmente com parceiros desconhecidos.

▼ O risco de contágio é maior nas relações passivas.

▼ No sexo anal desprotegido, o risco é maior do que no vaginal e no oral.

▼ Ter lesões ativas na boca, no pênis ou na vagina aumenta a transmissão em todas as vias.

▼ Os casos de HIV continuam em níveis altos. Ou a população não está se cuidando ou não está se tratando.

E A TAL PROFILAXIA PRÉ-EXPOSIÇÃO (PREP)?

Hoje em dia, existe uma medição que serve para profilaxia do HIV, ou seja, enquanto você toma-la não contrairá o vírus.

Ela é distribuída para a população de risco, e a disponibilidade varia entre cada cidade do Brasil.

CAPÍTULO 8

Métodos contraceptivos

Neste capítulo vou guiar você, leitora, a respeito de TODOS os métodos para evitar bebês que temos disponíveis, te ajudar a conhecer quais são e, quem sabe, auxiliar na sua escolha por um novo método.

Por que existem tantos métodos anticoncepcionais? Será que existe o método perfeito, que todas as mulheres possam usar, afinal, o que é bom para uma seria bom para todas?

Quando falamos em métodos contraceptivos temos sempre que levar em conta uma série de fatores e variáveis que influenciam na escolha.

Ele deve ser um método **seguro**, que não traga prejuízos para a saúde da mulher. De nada adianta um método ser bom se ele te causa alguma doença potencialmente fatal.

Ele deve ser **eficaz**, afinal, não basta ser seguro, se não protege de gestação indesejada.

Ele deve **compensar quanto aos efeitos colaterais**. Ninguém quer usar um anticoncepcional e ganhar peso, por exemplo.

Claramente um bom método deve também ser fácil **de usar**. Algumas mulheres conseguem tomar um comprimido todos os dias, outras não.

Um bom método também deve ser **acessível**. Imagine se existisse apenas um método contraceptivo no mundo, e ele fosse ótimo em todos os aspectos, mas muito caro. Nem todas conseguiriam pagar por ele, certo? Então, como ficariam essas mulheres? Por isso o custo do método anticoncepcional também deve ser considerado.

E é claro que ele também deve ser totalmente **reversível**. Você pode não querer uma gravidez agora, mas pode mudar de ideia futuramente. Imagine usar um método que te protege agora, mas atrapalha sua fertilidade no futuro.

Ufa! Muita coisa para se pensar na hora de escolher um método contraceptivo!

Todos esses fatores devem estar em harmonia: segurança, eficácia, forma reversível, fácil uso e valor.

Por esses motivos é que temos tantos métodos disponíveis. E por isso também que você deve sempre conversar com o seu médico sobre que método se encaixa mais ao seu perfil. Afinal, um contraceptivo pode ser ótimo para sua amiga e péssimo para você!

"Ah, doutor, mas tem uns médicos que já chegam impondo um método e pronto, sem perguntar se eu quero aquele..."

O médico, nessas horas, é, na verdade, como um garçom. Ele te mostrará as melhores opções para você e você escolherá qual te agrada mais.

Mas, olha, anticoncepcional é igual roupa, você só vai saber realmente se te serve se provar! Nem sempre seu médico vai acertar de primeira. Para conhecer os efeitos colaterais e verificar a facilidade de uso, você precisa testar. Caso se esqueça com frequência de tomar a pílula X ou o método Y te cause muitos efeitos indesejados, basta conversar com o seu médico e tentar algo diferente.

Dito isso, vamos tratar então do assunto mais importante: a eficácia. Com certeza o primeiro parâmetro para um bom anticoncepcional é ele funcionar.

Imagina uma pílula que é baratinha e não te dá nenhum efeito colateral, mas tem 80% de chance de falhar. Nem de graça você ia querer, não é?!

Em 1933, foi feita uma avaliação estatística e matemática sobre a eficácia de todos os métodos contraceptivos, e eles foram colocados em uma tabela chamada Índice de Pearl. Esse índice avalia a falha de todos os métodos, ou seja, quantas mulheres engravidaram em um ano de uso de cada método. Veja a seguir.

ÍNDICE DE PEARL	
MÉTODO	FALHA (*Quantidade de mulheres que engravidaram em um ano de uso do método.)
Nenhum	85
Espermicida	18
Camisinha feminina	5
Camisinha masculina	2
Diafragma com espermicida	6
Anel vaginal	0,3
Adesivo dérmico	0,3

Pílula	0,3
Injeção	0,05
DIU hormonal	0,2
DIU de cobre	0,6
Laqueadura	0,5
Vasectomia	0,1
Implante	0,05

Ou seja, em cada 100 mulheres que não usam nenhum método, 85 delas vão engravidar em um ano. Já em cada 1.000 mulheres que usam o DIU hormonal, apenas 2 vão engravidar em um ano. Essa é a taxa de falha desse método.

Como você pode ver, nenhum método é 100% eficaz! O único jeito de ter certeza de que você não vai engravidar é não tendo relações sexuais!

Agora vamos entender um pouco sobre cada método contraceptivo.

Coito interrompido

O **coito interrompido** entra como método contraceptivo comportamental, porém nenhum médico vai recomendar que você o use por conta do seu altíssimo risco de falha.

Ele consiste em manter o coito até o momento anterior à ejaculação. Nesse momento, o pênis é retirado de dentro da vagina e todo o esperma é expelido fora dela.

Então alguma mulher pode pensar: "Que bom! Não vou usar nenhum medicamento! Se a ejaculação for fora da vagina, não tem risco de eu engravidar porque não vai ter espermatozoides na vagina! Certo?".

Errado! Primeiro, antes de ejacular, o homem produz e secreta pelo pênis um líquido transparente. Esse líquido contém espermatozoides em pouca quantidade. Porém, se ele já tiver ejaculado no mesmo dia, esse líquido pré-ejaculatório terá mais espermatozoides, o que aumentará as chances de uma gravidez. Além disso, alguns homens retiram o pênis após a ejaculação já ter começado, de maneira que os primeiros jatos (que contêm uma quantidade maior de espermatozoides) já aconteçam dentro da vagina.

Logo, coito interrompido não é um método eficaz.

Tabelinha

A **tabelinha** é outro método comportamental que, como o coito interrompido, médico algum indicará.

Nesse método, as mulheres calculam o período fértil e evitam relação sexual nos dias correspondentes.

"Isso parece muito óbvio! Se não estou ovulando, não vou engravidar!"

Realmente, isso é verdade! Sem ovulação não há gravidez, mas nem tudo é perfeito, e pode acontecer de em algum mês ocorrer uma irregularidade hormonal e você ovular antes ou depois do seu cálculo.

Além disso, o espermatozoide sobrevive por um tempo dentro da vagina; então, você pode não estar ovulando no dia da relação, mas, se quando ovular ainda existirem espermatozoides vivos dentro dela, eles podem, sim, fecundar o óvulo!

Outra coisa que deve ser levada em consideração é que nem todas as mulheres têm um ciclo menstrual regulado. Algumas não sabem quando estão ovulando ou não.

Logo, a tabelinha perde em eficácia!

Camisinha

A **camisinha**, ou preservativo, dispensa apresentações. É um dos métodos contraceptivos mais populares, afinal, independe de hormônios, não atrapalha na fertlidade, é barato e a mulher não precisa ficar se lembrando todo dia. Além disso tudo, ela ainda previne DST como a sífilis e a Aids.

É um método de barreira, ou seja, que impede os espermatozoides de passarem para o canal vaginal. Porém, algumas pessoas não gostam dela pois dizem que é incômoda e tira a sensibilidade.

Seu índice de Pearl é 2, entretanto há risco de rompimento do material, caso a camisinha não seja usada ou armazenada corretamente, de modo que a eficácia desse método depende de alguns cuidados.

Siga as minhas dicas de cuidados que se deve ter com o preservativo.

ESCOLHA O TAMANHO CORRETO

Muito pequeno aperta demais, o que incomoda e aumenta os riscos de estourar. Muito grande pode deixar sair esperma pelos lados e os espermatozoides entrarem em contato com a vagina, aumentando o risco de falha.

CUIDADO AO ARMAZENAR

Guardá-la no bolso da calça ou na carteira pode ser ruim, uma vez que, ao se sentar sobre ela, a fricção pode gerar um desgaste do látex, deixando-a mais frágil e com maior risco de rompimento.

OLHE A VALIDADE

Sim, como muitos outros produtos, a camisinha também tem validade e usar uma fora da validade pode significar uma gravidez indesejada.

Tomando esses cuidados você aumenta ainda mais a eficácia da camisinha.

CAMISINHA FEMININA

Essa película, inserida dentro da vagina, é feita de plástico fino e resistente. Possui um anel móvel na extremidade fechada, e um outro, na outra ponta, aberto e cobre a vulva (parte externa da vagina). Inserida antes do ato sexual, ela tem a mesma eficiência que a camisinha masculina.

Pílula

Esse é, talvez, o principal e mais popular dos métodos contraceptivos!

Consiste basicamente em um comprimido que deve ser tomado uma vez ao dia. Enquanto você tomar, você não engravida. Simples, não é?

NÃO! Esse pode ser o mais complexo de todos os métodos. Existem pílulas de várias composições, diversas formas de tomar, várias maneiras de fazer a pausa, sem pausa... Além de tudo isso, ela é rodeada por muitos mitos e verdades!

Vou te explicar um pouco mais sobre esse método.

PÍLULA COMBINADA

Essa pílula possui em sua composição estrogênio e progesterona, os dois hormônios mais importantes na fisiologia feminina (se não se lembra deles, releia o capítulo 1).

Essa pílula imita o ciclo menstrual. Ela age mantendo as doses de hormônios sempre altas, impedindo a ovulação.

Ela deve ser tomada uma vez por dia todos os dias por três semanas, com uma pausa na quarta semana. Essa pausa faz uma queda nas taxas hormonais, o que leva à menstruação.

Vantagens

- ✓ Se tomada corretamente, sua chance de falha é muito baixa.
- ✓ Facilidade em tomar e comprar.

- ✓ É muito usada para regular o ciclo menstrual de mulheres desreguladas.
- ✓ Em alguns casos, trata a acne e equilibra as taxas hormonais.
- ✓ Protege a mulher de cistos ovarianos, câncer de ovário e ovários policísticos (Isso pouca gente sabe!).

Desvantagens

- ✗ Algumas mulheres apresentam sintomas indesejáveis.
- ✗ Ter que tomar um comprimido todo dia pode ser inconveniente para algumas mulheres.
- ✗ Nem todas as mulheres podem tomar, pois existem algumas contraindicações, por exemplo para mulheres que possuem um risco elevado de trombose.

PÍLULA COM PROGESTERONA ISOLADA

Quem se lembra da progesterona? É aquele hormônio que aparece na segunda fase do ciclo menstrual.

Essa pílula é de uso diário e tomada sem pausa.

Vantagens

- ✓ Por não possuir estrogênio, pode ser tomada por mulheres que têm risco de trombose, uma vez que é essa substância que aumenta as chances de desenvolver a doença.
- ✓ Em alguns casos, ela corta o fluxo menstrual, ou seja, aquelas mulheres que ficam sete dias menstruando, ou as que usam muitos absorventes, podem ser beneficiadas.

Desvantagem

✗ Algumas mulheres não gostam de ficar sem menstruar. Isso pode gerar ansiedade e desconforto, uma vez que o fluxo menstrual lhes dá a certeza de não estarem grávidas.

Esses são os dois tipos de pílulas.

E, como eu disse, a pílula está rodeada de muitos mitos e verdades. Vamos ver alguns.

MITOS E VERDADES SOBRE A PÍLULA

Pílula engorda
Mito!
Hoje em dia, as pílulas são feitas com baixa dosagem hormonal. O que pode acontecer é a mulher reter líquido e isso aparecer na balança. Mas então os quilos extras não serão de gordura.

Pílula causa trombose
Meio mito!
Ela não causa a trombose, mas um dos seus hormônios, o estrógeno, pode ser um fator de risco para trombose somado a outros fatores, como o tabagismo, por exemplo.

O uso estendido da pílula causa dificuldade para engravidar
Mito!
A pílula não interfere na fertilidade. Se isso fosse verdade, mulheres que esquecem a pílula por um dia não teriam risco de engravidar.

Pílula diminui a libido
Verdade! Mas não é regra!

A pílula inibe a ovulação, o que pode diminuir os níveis de alguns hormônios responsáveis pelo desejo sexual.

Pílula altera o humor
Verdade! Mas para o bem!
A OMS, inclusive, já autorizou o uso de algumas pílulas para tratar os sintomas da TPM.

Pílula causa espinhas
Verdade e mito!
Para mulheres com excesso de hormônio masculino, ela causa um balanço hormonal que melhora a acne. Já para outras, algumas composições de pílulas podem aumentar a oleosidade da pele.

Pílula diminui o fluxo menstrual
Verdade!
Inclusive, algumas pílulas são indicadas para quem tem sangramento uterino aumentado.

Tomar a mesma pílula por muito tempo diminui seu efeito
Mito!
Pelo contrário, se você está tomando a pílula X, não tem efeitos colaterais e ela sempre te protegeu de engravidar, fique firme nessa pílula quanto tempo quiser!

Anel vaginal
É um anel de 5 cm, transparente e flexível. Trata-se de um método hormonal combinado (estrógeno + progesterona), por isso possui algumas contraindicações. Mulheres que sentem efeitos colaterais como enjoos ou baixa de libido devem evitar os métodos hormonais e o anel vaginal é um deles. Mulheres com risco de trombose, com doenças hepáticas,

fumantes, hipertensas, que têm enxaqueca ou alergia a algum dos componentes também devem evitar o método.

Também é necessário cuidado ao se colocar: primeiro deixe o anel no formato de um "8" e introduza na parte superior da vagina. Ele deve ser colocado no 5º dia da menstruação e retirado após 21 dias; faça uma pausa de sete dias e então coloque um novo anel.

O anel vaginal age liberando doses baixas de hormônio, que caem na corrente sanguínea e inibem a ovulação. Por cair direto na corrente sanguínea, esse hormônio não passa pelo fígado. Portanto, quando se utiliza o anel vaginal contraceptivo, o hormônio sintético entra no sistema circulatório diretamente e não apresenta tantos efeitos colaterais quanto se fosse processado pelo fígado.

Segundo o índice de Pearl, o anel vaginal possui falha de 0,65%, sendo tão eficaz quanto uma pílula anticoncepcional tomada de maneira impecável.

A fertilidade volta normalmente assim que o método é interrompido. Isso faz dele um bom contraceptivo para mulheres que esquecem da pílula.

Adesivo

O adesivo tem sido muito usado por mulheres que esquecem a pílula, têm medo de injeção e receio de colocar o DIU.

É um adesivo que pode ser colocado em algumas regiões do corpo (sendo a mais comum a parte inferior do abdômen) e age liberando uma pequena quantidade de hormônios todos os dias.

Se trocado todos os meses e aplicado de forma correta, possui uma eficácia muito boa.

Dispositivo intrauterino (DIU)

No Reino Unido, a prevalência de uso do DIU é em torno de 30%; na República Tcheca, 15% das mulheres em idade reprodutiva usam DIU; na Rússia, 33% das mulheres (uma em cada três) entre 20 e 49 anos usam o

DIU. Esses são países de primeiro mundo quando o assunto é saúde, e lá a maioria das mulheres usam DIU. Interessante, não?

Vamos entender mais sobre esse dispositivo.

O DIU é classificado como um método contraceptivo de longa duração. Ele pode ser de cobre ou hormonal, e cada um age de maneira diferente.

O **DIU de cobre** possui cobre ao seu redor. Ele não inibe a ovulação, seu efeito está nos íons de cobre que possuem ação espermicida e assim impedem a fecundação.

Já o **DIU hormonal** libera hormônio diariamente no interior do útero, e isso impede que o endométrio se prolifere.

E qual a principal diferença entre os dois métodos? O hormônio! O DIU de cobre não possui absolutamente nenhum hormônio e nenhum tipo de medicação. Isso é muito bom para todas as mulheres com contraindicação, ou que não se adaptaram com os métodos hormonais. Já o DIU hormonal possui progesterona em sua fórmula. A diferença para os demais métodos é que esse hormônio é de ação local, por isso causa menos efeitos colaterais que as pílulas.

Assim sendo, cada um possui suas indicações e preferências entre as mulheres.

POR QUE ESCOLHER O DIU DE COBRE?

✓ Tem longa duração (10 anos).
✓ É muito eficaz.
✓ Não interfere na relação sexual.
✓ Não possui efeitos colaterais dos hormônios.
✓ Não interage com medicações.
✓ Não diminui a libido.

POR QUE ESCOLHER O DIU HORMONAL?

✓ Tem longa duração (5 anos).
✓ É mais eficaz.
✓ Reduz a quantidade e a duração do fluxo menstrual.
✓ Reduz as dores na menstruação.
✓ Tem menos efeitos colaterais que as pílulas, pois o hormônio é de ação local.

Agora veja o índice de falha: 0,6% para o DIU de cobre e 0,2% para o hormonal. Só para comparar, a camisinha tem falha de 5% e a laqueadura, 0,5%. Ou seja, o DIU é tão eficaz quanto a laqueadura!

Porém, nem tudo são flores. Como nenhum método é perfeito, ambos os dispositivos intrauterinos possuem efeitos colaterais.

No caso do DIU de cobre, pode haver aumento do fluxo e das cólicas menstruais. Isso ocorre por causa da inflamação que o cobre pode causar no endométrio de algumas mulheres.

Já no caso do DIU hormonal, pode haver irregularidade menstrual, escapes e, em poucos casos, efeitos colaterais decorrentes dos hormônios, como ganho de peso.

Há também algumas contraindicações:

✗ câncer de colo;
✗ doença inflamatória pélvica;
✗ gonorreia;
✗ clamídia;
✗ alguns miomas uterinos;
✗ riscos de trombose (para DIU hormonal);
✗ enxaqueca (para DIU hormonal);
✗ cólicas intensas (para DIU de cobre).

AINDA TEM DÚVIDAS?

A seguir estão as principais dúvidas das pacientes no consultório. Quem sabe uma delas não é a sua também!

"Doutor, a amiga da minha amiga engravidou com DIU!"

O DIU possui uma taxa pequena de falha. Mas, mesmo sendo pequena, pode acontecer. O único método realmente 100% eficaz para não engravidar é não ter relação sexual – mas isso não conta.

"Dói para colocar?"

Dói, mas nada insuportável.

"Incomoda para ter relação?"

Não. Nem você nem seu parceiro perceberão a presença do DIU.

"O DIU pode sair do lugar?"

Sim, mas é raro. Por isso, após a inserção, é feito um ultrassom para verificar sua posição.

Implante subdérmico

O implante subdérmico é, ao lado da vasectomia, o método mais eficaz.

Consiste em um dispositivo que fica no braço, na região da gordura, e libera todos os dias uma pequena quantidade de hormônio. Ele tem duração de 3 anos!

Uma grande vantagem é que ele pode ser colocado no consultório, sob anestesia local, com dor praticamente nula na introdução.

Injeção

A injeção é um método hormonal. Pode ser um combinado de estrogênio com progesterona ou só progesterona. Seu índice de Pearl é de 0,1% a 0,6%, uma taxa de falha baixíssima.

A aplicação pode ser mensal ou trimestral, e deve ser intramuscular (geralmente na região glútea). A primeira dose é aplicada no primeiro dia do ciclo e as demais, trinta ou noventa dias depois, dependendo do tipo.

O mecanismo de ação é igual ao das pílulas: suspende a ovulação, reduz o endométrio e espessa o muco cervical.

Algumas injeções possuem doses hormonais não tão baixas, o pode trazer muitos efeitos colaterais, como dores de cabeça, acne, alterações do humor, aumento do peso e vertigens.

O método é muito indicado para quem esquece de tomar a pílula diariamente. Sua principal indicação é para mulheres com um fluxo menstrual intenso, uma vez que a injeção trimestral reduz ou até suspende a menstruação. Ela ainda é indicada para aliviar as queixas de endometriose, miomas, dor pélvica, cólica e melhora da anemia por sangramento excessivo. É indicado também para quem tem contraindicações ao uso de estrogênio. Nesse caso, a mulher usa a injeção de progesterona.

Então, para as esquecidinhas de plantão, esse é um bom método!

Laqueadura

A laqueadura é o método contraceptivo definitivo feminino. Ou seja, uma vez feito, não há como reverter.

Trata-se de uma cirurgia que pode ser feita pelo abdômen, pela vagina ou por videolaparoscopia.

Consiste em cortar as tubas uterinas e amarrá-las. Uma vez que a mulher tem as tubas seccionadas, não tem mais passagem dos espermatozoides para chegar no óvulo; assim sendo, não tem gravidez.

Mas se não existe mais passagem pelas tubas, então por que esse método não é 100% eficaz? Acontece que, em alguns raros casos, pode haver o que chamamos de **recanalização**: as partes cortadas das tubas se religam e formam um novo túnel, uma nova passagem para os espermatozoides.

E quem pode fazer essa cirurgia?

Aqui no Brasil, pode fazer essa cirurgia toda mulher com 25 anos ou mais ou mulheres com dois ou mais filhos vivos. E também pode ser feita em mulheres que possuem risco de engravidar.

Vasectomia

A vasectomia é a contracepção definitiva masculina, e é, de todos os métodos contraceptivos, o mais eficaz.

Trata-se de uma cirurgia que é feita através do saco escrotal, com uma ligadura na região dos testículos.

Após a cirurgia, o homem faz um exame chamado **espermograma**, para verificar se ele está com zero espermatozoides no líquido ejaculatório, portanto com risco muito baixo de fecundar sua parceira.

▲▽▲

Agora que você conhece todos os métodos existentes, decida junto com seu médico qual o melhor para você.

CAPÍTULO 9

Gravidez

Você que chegou até aqui, mesmo não planejando uma gravidez ou ainda que não tenha o desejo de ser mãe, pode se interessar por esta fase tão importante na vida das mulheres: a gravidez. Nela, o útero assume seu principal papel: o de gerar uma nova vida.

Ao longo dos meses da gestação, a mulher enfrenta um turbilhão de mudanças físicas e hormonais. E tudo isso vem acompanhado de muitas incertezas e dúvidas.

A descoberta

O primeiro desafio é a descoberta. Mesmo no caso de uma gravidez planejada, o momento em que o teste sinaliza os níveis altos de beta HCG (hormônio produzido durante a formação da placenta, típico da gravidez) no organismo é muito emocionante e complexo.

Ou você não aguentou a ansiedade e recorreu aos inúmeros tipos de testes de farmácia ou, com um pedido médico, realizou um exame de sangue.

No teste de farmácia o hormônio é aferido na urina. Esse teste tem duas grandes vantagens:

é encontrado facilmente e tem baixo custo; porém, se for feito incorretamente, ou dependendo da quantidade de hormônios no corpo, ele pode apresentar falsos negativos (não gravidez) e falsos positivos (gravidez).

Já os exames de sangue devem ser realizados com pedido médico. São mais sensíveis e precisos.

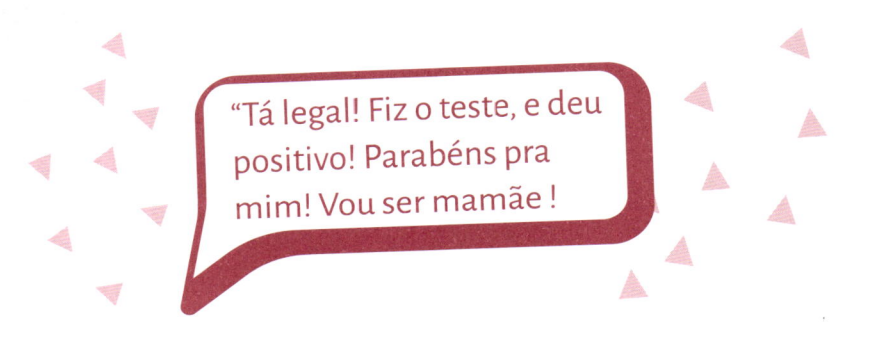

> "Tá legal! Fiz o teste, e deu positivo! Parabéns pra mim! Vou ser mamãe!"

Aqui começam as angústias e os medos, seja você mamãe experiente ou de primeira viagem.

O quê? Como? Por quê? Qual o tempo de gestação? Tudo está correndo bem? Qual o sexo do bebê?

São muitas as dúvidas e questionamentos, que deverão ser esclarecidos por um especialista.

Sim, meninas, essa fase, embora muito confusa, exige um cuidado especial. Escolha bem o médico que realizará todo o acompanhamento necessário durante a gravidez. Esse profissional a orientará seja qual foi sua situação. Por esse motivo, escolha alguém de confiança, seja por indicação ou o seu próprio médico. O que vale aqui é estar segura para que tudo corra bem até o momento final – o nascimento do bebê.

Trimestres gestacionais

Se já não bastassem todas as mudanças, surgem aquelas perguntas padrões que toda gestante vai ouvir: "De quantas semanas você está?", "Em qual trimestre sua gestação está?".

Cada um tem um modo de contar os meses da gestação.

Os médicos se baseiam em semanas (de 1 até 41 semanas), que, por sua vez, estão em períodos gestacionais.

Enquanto escrevo este livro, a minha esposa está gravidinha da nossa primeira filhinha, a Helena! E ela nunca sabe contar em semanas. Toda vez que alguém pergunta, ela me olha com cara de "E agora?".

Então, para ajudá-la nessa confusão, fizemos uma imagem bem simples que ilustra a vida das futuras mamães. Na tabela, o tempo está dividido por trimestres, relacionando os meses e semanas da gestante.

TRIMESTRE	MÊS	SEMANA
1	um	1-4
1	dois	5-8
1	três	9-13
2	quatro	14-17
2	cinco	18-21
2	seis	22-26
3	sete	27-30
3	oito	31-35
3	nove	36-40

A divisão por trimestres ajuda a mãe a entender quais as principais alterações pelas quais o corpo dela passará e, de certa forma, também contribui para acompanhar o desenvolvimento do bebê.

PRIMEIRO TRIMESTRE

Começam as adaptações do corpo e dos sentimentos.

Nesses primeiros três meses é comum sentir enjoo, falta de apetite, muito sono, mudanças nos seios e nas pernas. E o mais importante, momentos de oscilação entre aceitação e recusa da gravidez. Uma nova fase está chegando, um novo corpo está sendo preparado e uma nova mulher também. Não se culpe! Tudo isso faz parte.

SEGUNDO TRIMESTRE

Chegamos à metade da gravidez, aproximadamente.

Agora o corpo muda rapidamente. Embora na maioria dos casos os enjoos e desejos malucos tenham diminuído, a indisposição insiste em ficar.

Não podemos deixar de falar nas crises de choro sem causa específica aparente e na insegurança com o corpo, afinal, os seus hormônios aqui estarão no pico mais elevado e seus seios, quadris e barriga já demonstram sinais do bebê em desenvolvimento.

Nesse período as mamães provavelmente já sentem algum desconforto para dormir, se exercitar, andar longas distâncias...

Elas provavelmente sabem o sexo do bebê. E também devem estar ansiosas à procura de roupinhas, decoração do quarto, escolha do nome etc.

TERCEIRO TRIMESTRE

No final da gestação, o bebê já ocupa muito espaço dentro da barriga da mãe. Por esse motivo, atividades que antes pareciam simples como andar, dormir e ter relação sexual, passam a se tornar mais desconfortáveis. Nas últimas sete semanas que antecedem ao parto, o bebê dobra de tamanho!

Agora a ansiedade já toma conta e a espera pelo bebê fica mais intensa.

> **Dicas do doutor**
> Independentemente do estágio gestacional em que você estiver:
> ✓ Mantenha uma alimentação saudável e balanceada.
> ✓ Exercite-se com orientações médicas.
> ✓ Cuide dos seus pensamentos. As mudanças com seu corpo e a chegada do novo membro da família faz com que sejamos mais propícios a lapsos de memória e concentração. Mas tudo vai voltar ao normal, tudo bem?
> ✓ Curta esse momento.

Acompanhe cada estágio da gestação. Você, como amiga, avó, tia, mãe, todas têm a sua percepção da vida que está por vir. E não importa se você já gestou, se é profissional da saúde ou se esse assunto é trivial em seu dia a dia, a chegada de um bebê tem sempre algo novo e lindo para acrescentar em nossas vidas.

CAPÍTULO 10

Dr. Bruno × Dr. Google

Vivemos na era digital. Hoje em dia basta um clique para você ter informações e notícias na palma das suas mãos. E isso é ótimo! Porém deve-se tomar cuidado.

Vivemos em épocas de *fake news*, e a internet é uma "terra de ninguém", onde qualquer pessoa pode postar uma informação e deixar para os outros verem, sem que ninguém de confiança aprove ou desaprove aquilo.

Não existe uma regulamentação na internet, não é possível saber o que é verdade e o que é mentira, não dá pra confiar em tudo o que se lê na rede.

Ao mesmo tempo em que existem pessoas que passam informações de qualidade, existem outras que postam coisas que podem acabar prejudicando a saúde de alguém.

Foi refletindo sobre tudo isso que eu criei o meu canal.

Percebi que o uso do "Dr. Google" é uma realidade: as pessoas estão de fato procurando informações sobre a sua própria saúde na internet.

Logo, se isso acontece, então que seja de uma fonte confiável. Se vai procurar uma informação sobre menstruação, procure o que um especialista na área está dizendo.

Eu não dou dicas de maquiagem, porque não sou formado nisso. Então uma youtuber de maquiagem também não deve prescrever o seu anticoncepcional. Cada um no seu quadrado.

Mas, como eu disse, o "Dr. Google" existe. Então aqui vão algumas dicas para você usá-lo com mais segurança.

Não leve tudo ao pé da letra

É aquela velha história do homem que estava com dor de cabeça e procurou no Google: "O que pode ser dor de cabeça". Em primeiro lugar estava "tumor de crânio". A pressão dele a pelo nervosismo, ele teve um AVC e morreu.

É claro que essa história é fictícia, mas ela nos ensina algo.

Dor de cabeça pode ser tumor de crânio? Sim! É o diagnóstico mais comum? Não! Pode ser apenas cansaço, por exemplo. Mas o homem ficou tão nervoso que aquilo que não era nada se tornou algo muito pior, apenas por causa da informação (que não estava errada) que ele leu.

Você deve filtrar muito bem o que você lê na internet.

Verifique a fonte

Não existe uma regulamentação a respeito de quem posta o que na internet.

De repente você está lendo um texto sobre endometriose escrito por um mecânico de carros e consumindo uma informação totalmente incorreta sobre os assuntos.

Procure sempre artigos escritos por médicos (geralmente deixamos nome e CRM no final do texto). Se tiver ainda mais paciência, procure por artigos científicos, estudos e até aulas de médicos.

Com certeza você terá uma informação muito melhor.

Use as informações como fonte de pesquisa apenas, nunca para tratamento

Se seu médico diz que você tem uma condição – vamos pegar o mioma como exemplo –, você vai correndo ler sobre ele, e o lugar mais rápido e fácil para isso é na internet.

Isso é normal que aconteça e você pode, sim, pesquisar sobre miomas para aprender mais sobre eles. Porém limite-se apenas à pesquisa e a aprender mais sobre o assunto. Nunca tente fazer diagnósticos ou trocar o seu tratamento por conta própria.

Caso fique na dúvida, leve as informações que você aprendeu até o seu médico e converse com ele.

Cada caso é um caso

Ler uma experiência pessoal na internet realmente é legal!

Por exemplo, seu médico te passou um anticoncepcional que você não conhece e você resolve então procurar sobre ele na internet. Você encontrou um *blog* de uma garota contando como ela tomou essa medicação e suas experiências e ela odiou pois teve efeitos colaterais.

Fique tranquila. Não é porque ela teve sintomas ruins que você também terá. Cada organismo reage de um jeito a cada anticoncepcional.

Ouça seu médico. Se ele te prescreveu esse medicamento é porque antes ele avaliou o seu caso.

Anticoncepcional é algo muito individual; o que é bom pra você, pode ser ruim para outra pessoa, e vice-versa.

Você pode, sim, ver o que outras mulheres acharam do método, mas confie no seu médico!

Google não substitui a consulta médica

Você está sentindo sintomas diferentes, e então pesquisa sobre eles.

Então você vê que todos os seus sintomas estão relacionados a uma doença X.

Você realmente pode se guiar por algo que leu na internet, não há problema algum em pesquisar algo. De repente você pode até estar correta no seu diagnóstico. Porém isso não substitui a consulta médica.

Existem vários diagnósticos para uma única doença. O seu médico solicitará os exames adequados e, com os resultados, chegar a um diagnóstico e tratamento corretos.

Fake news!

Usar a internet para saber sobre doenças é tão antigo quanto a própria internet. Porém o problema não é apenas a doença em si. Muitas pessoas espalham *fake news* sobre saúde, doenças e tratamentos na internet e muitos desavisados tomam essas notícias como verdadeiras. Às vezes a informação é espalhada para um número tão grande de pessoas que acabamos por tomá-la como correta.

Vamos ver algumas das principais *fake news* sobre saúde da mulher na internet.

Alho na piriquita

Quando iniciei minha vida nas redes sociais eu sequer sabia que algumas mulheres estavam introduzindo dentes de alho dentro de suas vaginas.

E existe ainda uma técnica correta. O alho deve ser descascado, enrolado em gaze, amarrado com um fio e introduzido na piriquita.

E logo minhas recém-chegadas seguidoras pediam: "Doutor, fale sobre o alho na piriquita".

Então eu descobri que tinham pessoas orientando as mulheres a fazerem isso para se curarem de candidíase. E o motivo até que faz sentido: alho tem propriedades antifúngicas; logo, ele mata fungos; cândida é um fungo; então alho cura a candidíase, certo? Errado!

Primeiramente, essa técnica é anti-higiênica! Não se deve introduzir nada na vagina, a não ser produtos próprios para essa região, que é tão delicada.

Segundo: o alho é muito ácido; pode arder ao ser introduzido, e, se houver alguma ferida ativa, seja nas paredes da vagina ou no colo do útero, poderá piorar.

Terceiro: não se deve trocar o tratamento convencional pelo alho. O tratamento que já é consagrado funciona muito bem, e, se o problema for o preço do medicamento, o SUS disponibiliza.

Explico com um exemplo.

A canela tem propriedades anticancerígenas, mas não é por isso que um paciente oncológico irá trocar a quimioterapia por um banho de chá de canela. Simples, não?

Hibisco como anticoncepcional

Já faz algum tempo que as mulheres me perguntam a respeito disto: se podem substituir o anticoncepcional por chá de hibisco todo o dia.

Algumas fontes não muito confiáveis estão dizendo que o hibisco baixa a dosagem do hormônio estrogênio, e então faria a supressão da ovulação.

Isso não é verdade, até porque os anticoncepcionais agem deixando o estrogênio em doses um pouco mais elevadas. Além disso, não há qualquer estudo que garanta que o hibisco possui, de fato, um efeito contraceptivo.

Por isso, prefira sempre os métodos tradicionais.

Fórcipe é proibido

Fórcipe é uma técnica que usa duas colheres fenestradas e articuladas para ajudar o bebê a sair pela vagina durante o trabalho de parto. Ele foi criado no século XVI, por Peter Chamberlain, e ainda hoje ajuda a salvar vidas.

Ele é utilizado no caso de bebês muito grandes ou quando as mães já estão exaustas e não conseguem mais fazer forças para concluir o parto.

Um bebê que fica muito tempo no canal vaginal pode começar a entrar em sofrimento devido à hipóxia. Nesses casos, é ideal que o período expulsivo (que é quando o bebê está saindo) seja feito o mais rápido possível, evitando sequelas na criança por falta de oxigenação cerebral.

É aí que entra o fórcipe. Se for bem realizado, o parto termina rapidamente, sem sequelas na mãe ou no bebê, evitando muitas vezes um desfecho trágico.

Então qual a polêmica?

À primeira vista o instrumento do fórcipe pode parecer assustador: ele é grande, pesado e todo feito de ferro – algumas mães até usam a expressão "meu filho foi puxado a ferro".

Imaginar que um bebê, delicado como é, será retirado com esse instrumento pode causar desconfiança para mulheres sobre a segurança do método.

A questão é que o fórcipe, nas mãos de um médico experiente, e se for bem aplicado, pode salvar vidas. E não, não existe lei alguma que proíba seu uso.

A grávida de Taubaté

Já faz algum tempo que houve uma grande *fake news* aqui no Brasil.

Uma mulher apareceu em fotos na internet com uma barriga muito grande, referindo estar grávida de quadrigêmeos.

Por morar na cidade de Taubaté, interior de São Paulo, ela ficou conhecida como "a grávida de Taubaté".

Essa mulher deu algumas entrevistas, mostrou exames falsos e, após algum tempo, desmentiu a história.

A questão é: poderia alguém realmente estar grávida de oito nenês ao mesmo tempo?

E a resposta é: sim!

A americana Nadya Suleman teve oito filhos em uma única gravidez!

Logo, a história da grávida de Taubaté não era algo tão improvável de acontecer, mas ainda assim não passava de *fake news*.

Vacinas causam autismo

Essa não é uma *fake news* qualquer. É uma informação divulgada nas redes sociais, e tem causando alvoroço. E o pior é que muitos pais estão acreditando e deixando de vacinar seus filhos com medo de que ela cause autismo. Essa medida irresponsável pode, no futuro, fazer com que crianças não vacinadas desenvolvam doenças graves como a poliomielite.

E de onde surgiu essa lenda das vacinas?

Foi uma pesquisa publicada em 1999 por uma revista médica de renome chamada *Lancet*, na Inglaterra. Essa pesquisa, feita pelo Dr. Wakefield, mostrava que a vacinação causava alguns problemas, um deles sendo o autismo.

Ocorre que algum tempo depois foi provado que a pesquisa era tendenciosa e continha erros. Isso aconteceu por conta de interesses financeiros de advogados contra a indústria farmacêutica.

Mamografia causa câncer de tireoide

Após os 40 anos de idade, toda mulher deve fazer o exame de mamografia, independentemente de seu histórico pessoal e familiar. Isso porque, a partir dessa idade, a incidência e o risco de câncer de mama aumentam muito.

Porém, houve uma época em que as mulheres estavam evitando fazer o exame. O motivo era uma *fake news* segundo a qual a radiação do mamógrafo poderia causar câncer de tireoide.

Em primeiro lugar, a radiação da mamografia realizada uma vez por ano é em uma dose tão baixa que chega a ser inofensiva.

Em segundo lugar, o risco de ter um nódulo na mama, não fazer o exame e esse nódulo evoluir a algo mais grave é muito maior do que o de contrair câncer na tireoide por conta da radiação.

Por isso, faça a mamografia sem medo. Ela existe para te proteger.

Celular no bolso da calça causa câncer de ovário
Um mito da era digital.

Dizem que o celular no bolso está muito próximo aos ovários, e as ondas emitidas por ele podem agitar as células dos ovários, causando câncer. (O mesmo mito vale para os testículos dos homens).

A verdade é que isso não passa de uma lenda urbana.

Não que exista algum estudo feito com mulheres que guardam o celular no bolso e mulheres que o guardam na bolsa, mas a incidência de tumores de ovário não aumentou expressivamente após a criação do celular a ponto de culpá-lo por isso.

Não use xampu durante a menstruação

Olha aí um mito que eu não sei nem de onde surgiu!

Muitas mulheres afirmam que, durante o período menstrual, não podem usar xampu, e explicam que, nessa época do mês, os poros da pele estão mais abertos e as veias estão mais dilatadas; assim, se a mulher usar xampu, o seu couro cabeludo vai absorver o produto e isso pode dar dor de cabeça!

De fato, muitas mulheres têm dores de cabeça na menstruação, mas isso ocorre por causa da vasodilatação fisiológica; não tem qualquer relação com o uso de xampu.

Se isso fosse verdade, então você também iria absorver a água que cai do chuveiro, levando uma grande quantidade de água para o seu cérebro, e seria impossibilitada de tomar banho durante a menstruação. Pobre coitada da mulher que fica dez dias menstruada!

Sexo na gravidez machuca o bebê

A lógica é simples: o bebê está dentro o útero; o útero está no final da vagina; relação sexual faz o pênis bater no colo do útero, e isso machuca o bebê, certo?

Errado!

Fique tranquila, no período da gestação ou não, namore seu parceiro à vontade!

O seu bebê está muito bem protegido pela grossa parede do útero, e ele não vai sofrer nenhum trauma durante a relação sexual.

"Mas não pode passar alguma infecção para o bebê?"

O bebê está isolado por uma membrana e bem protegido pelo tampão mucoso, evitando que bactérias do meio externo (inclusive as do pênis) passem para ele.

"Mas algumas posições não vão apertar o bebê lá dentro?"

Pode ficar tranquila em relação às posições também. O bebê está dentro de um líquido que absorve os impactos e diminui a pressão que possa ser feita em cima dele. O único problema das posições é que no último trimestre você não vai conseguir fazer muitas acrobacias na cama por causa do barrigão.

Mas existem, sim, algumas contraindicações de sexo na gravidez. Entre esses casos estão ameaça de aborto, sangramentos, insuficiência cervical e riscos de parto prematuro.

Canela é abortiva

Embora não exista nada consistente dizendo que a canela é abortiva, essa substância deve ser evitada na gravidez.

O que se sabe é que a canela pode causar contrações musculares, inclusive no útero. Contrações uterinadas antes da hora pode significar aborto!

Porém, para isso ocorrer, seria necessária uma dose muito grande de canela. De todo modo, a Agência Nacional de Vigilância Sanitária (Anvisa), obstetras e nutricionistas contraindicam o consumo dessa especiaria na gravidez.

A tecnologia e a internet com certeza facilitam, e muito, o nosso dia a dia. Mas é preciso tomar muito cuidado com o que dizem por aí! Sempre, sempre, SEMPRE fale com o seu médico!

Até **brev**e...

Se você chegou até aqui, é porque já leu e aprendeu muito ao longo deste guia.

Daqui em diante você terá outra visão (e muito mais conhecimento) sobre o seu corpo, seus hormônios, seus órgãos reprodutores e tudo o que te faz mulher.

Você, com certeza, agora sabe como tudo funciona normalmente no seu corpo, e consequentemente está apta para saber se algo está "fora do lugar". Isso te dá um poder enorme sobre a sua saúde. Só sabemos o que está errado se soubermos o que é o certo: menstruação, anticoncepcionais, libido, secreções vaginais...

São muitas coisas que as mulheres têm que se preocupar no dia a dia.

Como eu disse algumas vezes neste guia: "Não é fácil ser mulher". Vou continuar dizendo isso sempre no meu canal do YouTube e nos próximos guias que virão.

Por isso mantenha-se sempre informada e procure informar as pessoas ao seu redor. Informação de qualidade nunca é demais.

Por isso, proponho que você também presenteie ou repasse para alguém este livro, alguém mais nova (de preferência), que você acredita que precisa das informações que nele estão contidas.

Fazendo isso, você contribuirá mais ainda para um mundo onde as mulheres estão cada vez mais se conhecendo, e da maneira correta!

Até breve,
Dr. Bruno Jacob

Minha agenda da piriquita

Meu fluxo

	DESCRIÇÃO	POSSÍVEL CAUSA	MEU FLUXO É
INTENSIDADE	De 40 ml a 50 ml de fluxo menstrual por dia, o equivalente a 3 absorventes.	—	Normal
	Cerca de 80 ml de fluxo menstrual por dia, o que corresponde a 7 absorventes ou 3 coletores menstruais quase cheios.	Miomas ou malformações uterinas.	Aumentado
	Menos que 30 ml por dia.	Malformações uterinas, por exemplo.	Reduzido
DURAÇÃO	4 a 5 dias é a média de fluxo menstrual entre as mulheres brasileiras.	—	Normal
	Mais de 8 dias – hipermenorreia.	Miomas ou pólipos uterinos.	Extenso
	Menos de 3 dias – hipomenorreia.	Curetagem, procedimentos ginecológicos ou alguma alteração hormonal. Comum também em atletas ou mulher com anorexia.	Curto

Meu ciclo

	DESCRIÇÃO	NOME	MEU CICLO É
DURAÇÃO	28 dias	—	Normal
	Mais de 35 dias	Oligomenorreia	Longo
	Menos de 24 dias	Polimenorreia Poli porque a mulher pode menstruar várias vezes em um mesmo mês.	Curto

CALENDÁRIO DA TPM

Na próxima página disponibilizei uma pequena amostra do calendário da TPM, onde você pode monitorar e anotar suas mudanças físicas e de humor como fome, choro, raiva e inchaço. No final do dia dê uma nota de zero a dez para cada item.

Há diversos aplicativos que também podem lhe auxiliar nesse controle do ciclo menstrual.

A ideia é que você perceba que, quando chegar a TPM, a nota desses 4 parâmetros aumenta. Veja qual aumenta mais e leve essas informações para o seu médico.

Por último, no campo "observações", anote se houve alguma secreção diferente. Se teve, anote a cor, o aspecto, o cheiro, e se tem coceira.

Acesse para baixar o calendário da TPM.

Mês: _____

DOM	SEG	TER	QUA	QUI	SEX	SAB
Dia:____	Dia:____	Dia:____	Dia:____	Dia:____	Dia:____	Dia:____
🍓 :____	🍓 :____	🍓 :____	🍓 :____	🍓 :____	🍓 :____	🍓 :____
😢 :____	😢 :____	😢 :____	😢 :____	😢 :____	😢 :____	😢 :____
😠 :____	😠 :____	😠 :____	😠 :____	😠 :____	😠 :____	😠 :____
🦉 :____	🦉 :____	🦉 :____	🦉 :____	🦉 :____	🦉 :____	🦉 :____
💧 :____	💧 :____	💧 :____	💧 :____	💧 :____	💧 :____	💧 :____
Dia:____	Dia:____	Dia:____	Dia:____	Dia:____	Dia:____	Dia:____
🍓 :____	🍓 :____	🍓 :____	🍓 :____	🍓 :____	🍓 :____	🍓 :____
😢 :____	😢 :____	😢 :____	😢 :____	😢 :____	😢 :____	😢 :____
😠 :____	😠 :____	😠 :____	😠 :____	😠 :____	😠 :____	😠 :____
🦉 :____	🦉 :____	🦉 :____	🦉 :____	🦉 :____	🦉 :____	🦉 :____
💧 :____	💧 :____	💧 :____	💧 :____	💧 :____	💧 :____	💧 :____
Dia:____	Dia:____	Dia:____	Dia:____	Dia:____	Dia:____	Dia:____
🍓 :____	🍓 :____	🍓 :____	🍓 :____	🍓 :____	🍓 :____	🍓 :____
😢 :____	😢 :____	😢 :____	😢 :____	😢 :____	😢 :____	😢 :____
😠 :____	😠 :____	😠 :____	😠 :____	😠 :____	😠 :____	😠 :____
🦉 :____	🦉 :____	🦉 :____	🦉 :____	🦉 :____	🦉 :____	🦉 :____
💧 :____	💧 :____	💧 :____	💧 :____	💧 :____	💧 :____	💧 :____
Dia:____	Dia:____	Dia:____	Dia:____	Dia:____	Dia:____	Dia:____
🍓 :____	🍓 :____	🍓 :____	🍓 :____	🍓 :____	🍓 :____	🍓 :____
😢 :____	😢 :____	😢 :____	😢 :____	😢 :____	😢 :____	😢 :____
😠 :____	😠 :____	😠 :____	😠 :____	😠 :____	😠 :____	😠 :____
🦉 :____	🦉 :____	🦉 :____	🦉 :____	🦉 :____	🦉 :____	🦉 :____
💧 :____	💧 :____	💧 :____	💧 :____	💧 :____	💧 :____	💧 :____
Dia:____	Dia:____	Dia:____	Dia:____	Dia:____	Dia:____	Dia:____
🍓 :____	🍓 :____	🍓 :____	🍓 :____	🍓 :____	🍓 :____	🍓 :____
😢 :____	😢 :____	😢 :____	😢 :____	😢 :____	😢 :____	😢 :____
😠 :____	😠 :____	😠 :____	😠 :____	😠 :____	😠 :____	😠 :____
🦉 :____	🦉 :____	🦉 :____	🦉 :____	🦉 :____	🦉 :____	🦉 :____
💧 :____	💧 :____	💧 :____	💧 :____	💧 :____	💧 :____	💧 :____

Fome 🍓 | **Choro** 😢 | **Raiva** 😠 | **Inchaço** 🦉 | **Secreção** 💧

OBS:_____
_____

Referência bibliográfica

WAKERFIELD, A. J. MMR vaccination and autism. The Lancet, 2019. Disponível em: https://doi.org/10.1016/S0140-6736(05)75696-8. Acesso em: 13 de out. 2019.

fonte
Alegreya Sans e Barriecito

@novoseculoeditora
nas redes sociais

gruponovoseculo.com.br